Impara il Francese Leggendo dei Brevi Racconti: 10 Storie in Francese e Italiano, con gli Elenchi dei Vocaboli

Copyright © 2019 by Language University

Tutti i diritti riservati. È vietata la riproduzione, totale o parziale, del presente libro senza autorizzazione scritta da parte dell'editore, fatto salvo il caso di brevi citazioni in recensioni del libro.

ISBN: 9798604868010
Pubblicazione: Autoedizione

Contents

Introduzione 5

Histoire 1: Enfance, adolescence et amitié 8

    Vocabulaire 12

    Storia 1: Infanzia, adolescenza e amicizia 16

Histoire 2: Une famille nombreuse 19

    Vocabulaire 22

    Storia 2: Una grande famiglia 25

Histoire 3: Une passion pour la musique 28

    Vocabulaire 32

    Storia 3: Una passione per la musica 36

Histoire 4: La vie d'une famille ordinaire 39

    Vocabulaire 42

    Storia 4: Vita di una famiglia normale 45

Histoire 5: Voyage, tourisme et vacances 48

    Vocabulaire 52

    Storia 5: Viaggi, turismo e vacanze 55

Histoire 6: Les métiers 58

    Vocabulaire 61

    Storia 6: I mestieri 64

Histoire 7: Mariage 67

    Vocabulaire 71

    Storia 7: Nozze 73

Histoire 8: Correspondantes 76

    Vocabulaire 82

    Storia 8: Corrispondenti 84

Histoire 9: Une passion pour l'écriture 89

    Vocabulaire 93

Storia 9: Una passione per la scrittura 97

Histoire 10: Une soirée entre amis 101

Vocabulaire 106

Storia 10: Una Serata tra Amici 109

Introduzione

Ci sono molti modi per immergerti completamente nel francese: prendere lezioni di francese, guardare film o serie TV coi sottotitoli francese, seguire corsi online, unirsi a una comunità in cui si parla la lingua francese, viaggiare in un paese di lingua francese, leggere libri…

Questo libro ti propone un modo semplice ma efficace per imparare il francese attraverso storie per principianti (livello A1 e livello A2).

Questo libro ti aiuterà a:

1. Imparare nuovi vocaboli
2. Apprendere nuove espressioni su argomenti specifici
3. Imparare il vocabolario della vita quotidiana, usato per comunicare con le persone attraverso i dialoghi
4. Imparare alcune frasi tipiche utilizzate frequentemente nei dialoghi in francese
5. Correggere e/o migliorare la tua pronuncia coi file audio
6. Migliorare le tue capacità di comprensione attraverso l'ascolto
7. Semplicemente migliorare il tuo francese, qualunque sia il tuo livello di padronanza

Le storie sono principalmente in presente indicativo in francese, in modo che i lettori possano apprendere più facilmente le basi della lingua attraverso i testi.

Ricorderete che il presente è utilizzato per fare descrizioni e affermazioni e per mettere in relazione fatti che accadono in un momento attuale.

Come utilizzare questo libro per migliorare il tuo francese.

Consigliamo di avere anche la versione audio di questo libro per ottimizzare l'esperienza di apprendimento.

Se hai la versione audio

1 - Ascolta e prova a capire l'intera storia (senza leggere, basta ascoltarla)

2 - Ascolta attentamente la pronuncia e l'intonazione. Non esitare a mettere in pausa l'audio e a ripetere l'ascolto di una frase per una migliore comprensione.

Se non hai la versione audio

1 - Leggi la storia senza guardare la traduzione col vocabolario. Cerca di capirla nel suo complesso.

2 - Leggila una seconda volta.

3 - Cerca di capire ogni frase del paragrafo.

4 - Leggi di nuovo la storia prendendo nota delle parole o del gruppo di parole che non capisci

5 - Guarda la lista dei vocaboli.

6 - Prova quindi a scrivere un riassunto della storia in francese.

Una parola in francese può avere molti significati. Ma quello giusto dipende dal contesto della storia. Non fare un'interpretazione errata dei significati delle parole.

Prima di leggere una storia, dovresti capire attentamente di cosa tratta il testo, leggerne il titolo e appuntarti l'argomento della storia.

Se non capisci una o più frasi, non preoccuparti. L'elenco dei vocaboli è tradotto per aiutarti.

Se impari il vocabolario, lo ricorderai per lungo tempo.

Come memorizzare il vocabolario imparato

Devi imparare e rivedere le parole molte volte. Puoi ricordare una nuova parola cercando di costruirci una frase. Devi ripetere e imparare la parola regolarmente e frequentemente, in modo che il tuo cervello la memorizzi. Leggi la storia più volte. Osserva come viene utilizzato il vocabolario nelle frasi. Leggi e riscrivi la traduzione del vocabolario per assimilare il significato delle parole.

In francese, le parole possono sembrare diverse a seconda del contesto.

Quando impari delle nuove parole in francese, è meglio imparare l'intera frase in cui viene utilizzato il vocabolario. Sarà più facile per te ricordarlo.

Quando impari il francese, ascoltare e leggere non sarà sufficiente. Avrai bisogno di parlare e pronunciare le frasi correttamente. Al terzo ascolto, prova a ripetere dopo il narratore.

Quindi ascolta ancora una volta leggendo il testo.

N.B. Quando impari una lingua, studiala e praticala tutte le volte che puoi.

Histoire 1: Enfance, adolescence et amitié

Jane et Michelle se connaissent depuis leur enfance. Jane est blonde et Michelle est **brune**. La mère de Jane s'appelle Mel. La mère de Michelle s'appelle Victoria. Victoria et Mel sont elles aussi amies **depuis longtemps**. Jane est la **meilleure amie** de Michelle.

Enfants, elles aiment **jouer à la marelle, à la dînette** et à **cache-cache**. Leurs mères les emmènent **souvent** au parc. Mel adore leur préparer des crêpes au chocolat ou **une tarte aux pommes**. Jane et Michelle aiment aussi regarder des **dessins animés**. Elles adorent regarder « Barbie » et « **Le roi lion** » ensemble.

À partir de onze ans, elles aiment beaucoup le sport. Elles adorent **faire du vélo** et jouer au basketball. Elles adorent **se raconter des secrets**. **Elles font leurs devoirs** ensemble. La **matière préférée** de Michelle est le français. La matière préférée de Jane, ce sont les sciences.

À l'école, Jane a de **mauvaises notes** en mathématiques. **Elle suit des cours particuliers. Jane et Michelle passent plus de temps à étudier qu'à s'amuser**. Michelle aide Jane à étudier. Mel et Victoria **sont fières de** leurs filles. Pour les remercier, elles partent en vacances ensemble avec leurs familles.

En classe de primaire jusqu'au **collège**, Jane et Michelle sont proches **comme les deux doigts de la main**.

Mais au lycée, les deux jeunes filles sont **moins proches**. Elles **grandissent** et **ne s'intéressent plus** aux **mêmes choses**. Michelle s'intéresse aux livres et est très **concentrée** sur ses **études**. Jane s'intéresse à **la mode**, à sa popularité au **lycée**, et aux garçons. **Au fil du temps**, elles deviennent de **simples connaissances**.

Jane a beaucoup d'amis et a une nouvelle meilleure amie : Lilly. Le **petit ami** de Jane s'appelle Lucas.

Michelle a aussi une nouvelle **amie proche**. Elle s'appelle Annie. Annie est aussi **férue de lecture** que Michelle.

Un samedi après-midi, Mel et Victoria invitent leurs **filles** à aller ensemble au cinéma. Le film est bon, mais **Jane et Michelle se parlent à peine**. Victoria est **triste**. **Jane et Michelle ne sont plus amies**.

À la maison, Victoria parle à Michelle :

- Toi et Jane, **vous vous êtes disputées** ?
- Non, pourquoi ?
- Vous ne vous parlez plus.
- Mais non, nous nous parlons.
- Mais vous n'êtes plus amies.
- Nous n'avons pas les mêmes **centres d'intérêt**.
- **Invite-la à la maison.**
- Non, merci.
- Mais pourquoi ?
- Maman, elle a ses amis maintenant. Et moi aussi, j'ai ma copine. **Ce n'est pas grave** si nous ne sommes plus amies.
- Ok, je comprends.

Un après-midi, Michelle se promène dans le parc. Elle voit Jane pleurer sur un siège.

- Bonjour Jane, **qu'est-ce qui se passe** ? Pourquoi pleures-tu ?
- Bonjour Michelle. Lucas et sa famille **déménagent** dans une autre ville. **Nous nous séparons.**
- Je suis désolée pour toi.
- Merci.
- Où sont tes amis ?
- Je ne sais pas. Ils ne sont pas là.

Jane sourit à Michelle et lui demande :

- Et toi, comment vas-tu ?

- Je vais bien, merci. Ne reste pas **seule** ici. **Viens prendre un verre avec moi.**
- Non, merci. **Je ne veux pas te déranger.**
- Tu ne me déranges pas. Je t'invite.
- Ok, d'accord. Merci Michelle. Tu es vraiment gentille.

Les deux jeunes filles vont au restaurant. Elles commandent du jus et des crêpes au chocolat. Jane raconte ses problèmes à Michelle. Lilly n'est pas vraiment l'amie de Jane. Lilly est une profiteuse.

Le soir venu, Jane se sent mieux. Elle raconte sa journée à sa mère.

Lucas part. Jane oublie sa relation avec lui. Jane et Michelle commencent à **passer du temps ensemble**. Mel et Victoria en sont contentes.

Un jour, **Victoria tombe malade**. Jane aide Michelle à **prendre soin de** Victoria. Annie rend visite à Victoria. Michelle présente son amie Annie à Jane. Jane est ravie de la rencontrer. Michelle invite Annie à manger à la maison. Annie accepte avec plaisir. Jane et Michelle **préparent le repas**. Les trois jeunes filles mangent ensemble à midi. Le repas est délicieux.

Trois jours plus tard, Victoria est **guérie**. Jane invite Michelle et Annie à faire du shopping. Annie décline l'invitation. Elle a des devoirs à finir. Michelle accepte l'invitation avec plaisir. Jane et Michelle **achètent** de nouvelles **robes**, de nouvelles **chaussures** et des **pantalons**. Elles achètent un beau **collier** pour Annie. Michelle achète un **manteau** pour sa mère. Jane achète un **blouson** pour sa mère.

Vers la fin de l'**année scolaire, Jane échoue à ses examens. Elle redouble sa classe de première.** Jane est pleine de regrets. Elle demande à Michelle de rester amie avec elle. Michelle dit à Jane qu'elle sera toujours son amie. Jane décide de ne plus **négliger ses études**.

Jane et Michelle deviennent presque inséparables. **Michelle aide Jane à réussir ses études**. Jane est contente. Michelle et Jane redeviennent proches comme avant.

Vocabulaire

Enfance	Infanzia
Amitié	Amicizia
Brune	Mora
Depuis longtemps	Da molto tempo
Meilleur ami/meilleure amie	Migliore amico/migliore amica (M/F)
Jouer à la marelle	Giocare a campana
Jouer à la dînette	Giocare all'ora del tè
Cache cache	Nascondino
Souvent	Spesso
Une tarte aux pommes	Una torta di mele
Dessin(s) animé(s)	Cartoni animati
Le roi lion	Il Re Leone
Faire du vélo	Andare in bici
Se raconter des secrets	Condividere segreti
Elles font leurs devoirs	Svolgono i compiti
Matière préférée	Materia preferita
Mauvaises notes	Brutti voti
Elle prend des cours particuliers	Lei prende lezioni private
Jane et Michelle passent plus de temps à étudier qu'à s'amuser	Jane e Michelle passano più tempo a studiare che a divertirsi
Ils/Elles sont fières de	Sono orgogliose di
Collège	Scuole medie

Comme les deux doigts de la main	Amiche intime
Adolescent(s)/adolescente(s)	Adolescente/i (M/0F)
Moins proches	Meno vicine
Elles grandissent (grandir)	Crescono (crescere)
Elles ne s'intéressent plus aux mêmes choses	Non hanno più gli stessi interessi
Concentré/concentrée	Concentrato/a (M/F)
Études	Studi
Mode	Moda
Lycée	Scuola superiore
Au fil du temps	Col tempo
Simples connaissances	Semplici conoscenti
Petit ami	Ragazzo
Ami proche/amie proche	Amico intimo/amica intima (M/F)
Féru/Férue de lecture	Ama leggere
Fille(s)	Figlia(e)
Jane et Michelle se parlent à peine	Jane e Michelle parlano a malapena
Triste	Triste
Jane et Michelle ne sont plus amies	Jane e Michelle non sono più amiche
Vous vous êtes disputé(e)s ?	Avete litigato?
Centres d'intérêt	Interessi
Invite-la à la maison	Invitala a casa
Ce n'est pas grave	Non importa

Qu'est-ce qui se passe ?	Che cosa succede?
Déménager	Trasferirsi
Nous nous séparons	Ci lasciamo
Seul/seule	Da solo/sola (M/F)
Viens prendre un verre avec moi	Vieni a bere qualcosa con me
Je ne veux pas te déranger	Non voglio disturbarti
Passer du temps ensemble	Trascorrere del tempo insieme
Victoria tombe malade	Victoria si ammala
Prendre soin de…	Prendersi cura di…
Préparer le repas	Preparano da mangiare
Trois jours plus tard	Tre giorni dopo
Guéri(e)	Guarita
Acheter	Comprare
Robes	Abiti
Chaussures	Scarpe
Pantalons	Pantaloni
Collier	Collana
Manteau	Cappotto
Blouson	Giacca
Année scolaire	Anno scolastico
Jane échoue à ses examens	Jane non passa i suoi esami
Elle redouble sa classe de première	Lei deve ripetere l'anno

Négliger ses études	Trascurare i suoi studi
Michelle aide Jane à réussir dans ses études	Michelle aiuta Jane ad avere successo con gli studi

Storia 1: Infanzia, adolescenza e amicizia

Jane e Michelle si conoscono da quando erano piccole. Jane è bionda, Michelle è **mora**. La madre di Jane si chiama Mel. La madre di Michelle è Victoria. Victoria e Mel sono amiche **da molto tempo**. Jane è la **migliore amica** di Michelle.

Da bambine, amavano **giocare a campana, all'ora del tè** e a **nascondino**. Le loro madri le portano **spesso** al parco. Mel ama preparare le frittelle al cioccolato o la **torta di mele**. Jane e Michelle adorano anche guardare i **cartoni animati**. Amano guardare insieme "Barbie" e **"Il Re Leone"**.

Da quando hanno undici anni adorano praticare sport. Amano andare in **bici** e giocare a basket. A loro piace tanto anche **condividere segreti**. **Svolgono i compiti** insieme. La **materia preferita** di Michelle è il francese, quella di Jane sono le scienze.

A scuola, Jane ha **brutti voti** in matematica. **Prende lezioni private**. **Jane e Michelle passano più tempo a studiare che a divertirsi**. Michelle aiuta Jane a studiare. Mel e Victoria **sono orgogliose delle** loro figlie. Per ringraziarle, vanno in vacanza insieme alle loro famiglie.

Dalle elementari fino alle **scuole medie**, Jane e Michelle sono **amiche intime**.

Al liceo però, le due ragazze diventano **meno vicine**. **Crescono** e **non hanno più gli stessi interessi**. A Michelle interessano i libri ed è molto **concentrata** sui suoi **studi**. A Jane invece interessa essere alla **moda**, farsi conoscere alle **scuole superiori** e dai ragazzi. **Col tempo**, diventano **semplici conoscenti**.

Jane ha molte amiche ed una nuova amica del cuore: Lilly. Il **ragazzo** di Jane si chiama Lucas.

Anche Michelle ha una nuova **amica intima**. Il suo nome è Annie. Anche Annie **ama leggere** come Michelle.

Un sabato pomeriggio, Mel e Victoria invitano le loro **figlie** ad andare al cinema insieme. Il film è bello , ma **Jane e Michelle parlano a malapena**. Victoria è **triste**. **Jane e Michelle non sono più amiche**.

A casa, Victoria parla con Michelle:

- Tu e Jane **avete litigato**?
- No, perchè?
- Non le parli più.
- Ma no, ci parliamo.
- Ma non siete più amiche.
- Non abbiamo gli stessi **interessi**.
- **Invitala a casa.**
- No, grazie.
- Ma perché?
- Mamma, ora ha i suoi amici. E anche io ho la mia migliore amica. **Non importa** se non siamo più amiche.
- Ok, capisco.

Un pomeriggio, Michelle cammina nel parco. Vede Jane piangere su una sedia.

- Ciao Jane, **che cosa succede**? Perché stai piangendo?
- Ciao Michelle. Lucas e la sua famiglia **si trasferiscono** in un'altra città. **Ci lasciamo.**
- Mi spiace.
- Grazie.
- Dove sono le tue amiche?
- Non lo so. Non ci sono.

Jane sorride a Michelle e le chiede:

- E tu come stai?
- Sto bene, grazie. Non stare qui **da sola.** Vieni a **bere qualcosa con me**.
- No grazie. **Non voglio disturbarti**.
- Non mi disturbi. Ti sto invitando.
- Ok, ok. Grazie, Michelle. Sei davvero gentile.

Le due ragazze vanno al ristorante. Ordinano crepes al cioccolato e del succo. Jane racconta a Michelle i suoi problemi. Lilly non è veramente amica di Jane. Lilly è solo un'approfittatrice.

In serata, Jane si sente meglio. Racconta la sua giornata a sua madre.

Lucas se ne va. Jane dimentica la sua relazione con lui. Jane e Michelle iniziano a **trascorrere del tempo insieme**. Mel e Victoria sono felici.

Un giorno, **Victoria si ammala**. Jane aiuta Michelle a **prendersi cura di** Victoria. Annie visita Victoria. Michelle presenta la sua amica Annie a Jane. Jane è felice di incontrarla. Michelle invita Annie a pranzo a casa sua. Annie accetta con piacere. Jane e Michelle **preparano da mangiare**. Le tre ragazze mangiano insieme a mezzogiorno. Il pranzo è delizioso.

Tre giorni dopo, Victoria è **guarita**. Jane invita Michelle e Annie a fare shopping. Annie rifiuta l'invito perché ha da finire i compiti. Michelle accetta l'invito con piacere. Jane e Michelle **comprano** nuovi **abiti**, scarpe e **pantaloni**. Comprano una bellissima **collana** per Annie. Michelle prende un **cappotto** per sua madre e Jane compra una **giacca** alla sua.

Verso la fine dell'**anno scolastico, Jane non passa i suoi esami. Deve ripetere l'anno.** Jane è rammaricata. Chiede a Michelle di stare con lei. Michelle dice a Jane che è ancora sua amica. Jane decide di non **trascurare** più **i suoi studi**.

Jane e Michelle diventano quasi inseparabili. **Michelle aiuta Jane ad avere successo con gli studi**. Jane è felice. Michelle e Jane diventano amiche intime come prima.

Histoire 2: Une famille nombreuse

Léa vient d'une famille nombreuse. Elle a trois **frères et sœurs**. Son père s'appelle George. Sa mère s'appelle Lydie. Le mariage de George et Lydie est **un mariage arrangé**.

Leur premier enfant **naît** un an après leur **mariage**. Leur **aînée** s'appelle Maria. Richard est le second enfant. Il a le même prénom que son **arrière-grand-père**, le père de son papa. Léa est la troisième enfant de ses parents. Gina est la **sœur cadette** de Léa. Gina est la **benjamine** de la famille. **Elle ressemble beaucoup à sa mère**.

Léa a quatre cousines germaines et trois **cousins germains** du côté de son père. Et elle a cinq cousines germaines et deux cousins germains du côté de sa mère. Léa et ses frères et sœurs sont proches de **la famille du côté de leur mère**. Léa et Gina rendent souvent visite à leur **tante** Jocelyne, **la petite sœur** de Lydie. Leur grand-mère maternelle est très **gentille**. Leur grand-mère paternelle est sévère. Leurs grands-pères sont tous deux déjà **morts**.

Luc est un ami de la famille. Et il est aussi un **voisin**. Luc est **père célibataire**. Sa fille s'appelle Catherine. Catherine est **fille unique**. Et elle est **orpheline de mère**. Léa et Catherine sont très proches. Léa est **presque** comme une sœur pour Catherine.

Quelques membres de la famille de George habitent **à l'étranger**. Le grand frère de George vit en France. Sa femme est française. Deux enfants **métis** sont nés de leur union. Tous les ans, George organise une grande fête où toute la famille se réunit. George est content de voir ses frères et sœurs, ainsi que ses **neveux** et nièces.

Après dix ans de mariage, George et Lydie commencent à se disputer fréquemment. Ils ont des **problèmes conjugaux**. Lydie **est attirée** par Luc. George a une **maîtresse**. Elle s'appelle Gisèle. Elle a trente ans. **George et Lydie ne s'aiment plus**. Leur mariage est une erreur. Ils divorcent. Leurs enfants sont **bouleversés**. Mais c'est la meilleure décision à prendre.

George quitte la maison. Il déménage chez Gisèle. Gina **pleure**. Lydie lui explique que son père n'habite plus avec eux. Mais qu'il aime toujours Gina et ses frères et sœurs. Léa **réconforte** sa petite sœur. **Richard la prend dans ses bras.** George reste en bons termes avec son **ex-femme. Lydie commence une relation amoureuse avec Luc.**

Six mois plus tard, George se remarie. Il invite Lydie, Luc et les enfants à son mariage. Mais Lydie n'a pas envie d'y aller. Gina et Luc restent à la maison avec Lydie. Maria, Richard et Léa assistent au mariage.

Lydie et Luc vivent en **concubinage** avec leurs enfants. Léa est ravie de vivre avec Catherine. De plus, Léa adore Luc. Il est comme un second père pour elle. L'ancienne maison de Luc et de Catherine est **en location**.

Les nouveaux **locataires** sont un vieux couple de **retraités** : Christophe et Christine Wilson. Ils sont seuls. Leurs enfants et **petits-enfants** vivent tous à l'étranger depuis des années. Pour souhaiter la bienvenue à Christophe et à Christine, Maria leur prépare un délicieux **gâteau**. Christine la remercie **chaleureusement**. Elle invite Maria et tous les autres enfants à **déguster** le gâteau avec son **mari**. Maria appelle Richard, Léa, Gina et Catherine pour manger du gâteau chez les Wilson. Maria les présente aux nouveaux voisins.

Gisèle tombe enceinte. Neuf mois plus tard, **elle met au monde son premier enfant**. Il s'appelle Lionel. La petite sœur de Lionel naît **un an et demi** après. Son nom est Prisca. Elle est blonde, comme sa mère.

Le temps passe. Les enfants grandissent. Les aînés deviennent de jeunes adultes et les cadets deviennent des adolescents. Léa s'entend assez bien avec son **demi-frère** et sa demi-sœur. Avec Gina, elle les invite à manger des pizzas ensemble. Léa et Gina apprennent à mieux les connaître. Bientôt, une amitié naît entre eux.

Entre-temps, des **sentiments** naissent entre Richard et Catherine. **Ils tombent amoureux.** Mais **ils ont peur** de la réaction de Luc et de Lydie. Ils cachent donc leur relation à tout le monde, **sauf** à Léa. Mais tôt ou tard, Luc et Lydie **découvrent** la relation des deux **tourtereaux**. Leurs parents approuvent leur relation.

Un an plus tard, **Richard demande Catherine en mariage.** Catherine **saute** dans les bras de Richard et accepte sa demande. Richard et Catherine organisent leurs **fiançailles**. Léa est heureuse. Sa meilleure amie devient sa **belle-sœur**. Léa aide son frère à choisir une **bague de fiançailles** pour Catherine. Pendant la fête des fiançailles, George invite sa **belle-fille** à danser. Son **petit-fils** naît douze mois plus tard. Il se nomme Peter. Peter a les yeux de sa mère Catherine.

Après quelques temps, c'est au tour de Maria de se marier. Son mari est un grand et riche **bel homme.** Il s'appelle John Jackson. Malheureusement, le couple ne peut pas avoir d'enfant. La mère de John est **contrariée** par la situation. Son fils unique doit avoir un **héritier. Maria subit beaucoup de pression** de sa **belle-famille.** Elle **se demande** si elle doit se séparer de John. John lui dit de ne jamais penser à cela. Elle est sa femme et il l'aime. Ils doivent **faire face à leur problème** ensemble. Pour résoudre leur problème, John et Maria adoptent un fils. Et trois ans plus tard, un miracle se produit. Maria finit par tomber enceinte. Elle donne naissance à une jolie petite fille, Lucia.

Vocabulaire

Une famille nombreuse	Una grande famiglia
Frères et sœurs	Fratelli
Un mariage arrangé	Un matrimonio combinato
Né(e)	Nato
Mariage	Nozze
Fille aînée	Primogenita
Arrière-grand-père	Bisnonno
Sœur cadette	Sorella minore
Benjamin/benjamine	Più piccola
Elle ressemble beaucoup à sa mère	(Lei) assomiglia molto a sua madre
Cousin(s) germain(s)	Cugino(i) di primo grado
La famille du côté de leur mère	La famiglia della loro madre
Tante	Zia
La petite sœur	La sorella minore
Gentil/gentille	Gentile (M/F)
Mort(s)	Morto(i)
Un voisin	Un vicino di casa
Père célibataire	Padre single
Enfant unique	Figlio unico
Orphelin/Orpheline de mère	Orfana di madre
Presque	Quasi
À l'étranger	All'estero
Métis	Etnia mista
Neveu(x)	Nipote(i)
Problèmes conjugaux	Problemi di coppia
Attiré(e) par	Attratta da
Maîtresse	Amante
George et Lydie ne s'aiment plus	George e Lydie non si amano più
Bouleversé(s)	Arrabbiato(i)
Pleurer	Piangere

Réconforter	Rasserenare
Richard la prend dans ses bras	Richard la prende tra le braccia
Ex-femme	Ex moglie
Lydie commence une relation amoureuse avec Luc	Lydie inizia una relazione romantica con Luke
Concubinage	Convivenza
En location	In affitto
Locataire(s)	Inquilino(i)
Retraité(s)	Pensionato(i)
Petits-enfants	Nipoti
Gâteau	Torta
Chaleureusement	Calorosamente
Déguster	Assaggiare
Mari	Marito
Gisèle tombe enceinte	Gisèle rimane incinta
Elle met au monde son premier enfant	Gisèle partorisce il suo primo figlio
Un an et demi	Un anno e mezzo
Le temps passe	Il tempo passa
Demi-frère	Fratellastro
Entre-temps	Nel frattempo
Sentiments	Sentimenti
Ils tombent amoureux	Si innamorano
Ils ont peur	Sono spaventati
Sauf	Tranne che
Découvrir	Scoprono
Tourtereaux	Piccioncini
Richard demande Catherine en mariage	Richard chiede a Catherine di sposarlo
Sauter	Saltare (salta)
Fiançailles	Fidanzamento
Bague de fiançailles	Anello di fidanzamento
Belle-fille	Nuora
Belle-sœur	Cognata

Petit-fils	Nipote
Bel homme	Uomo affascinante
Contrarié(e)	Seccato/a
Héritier	Erede
Maria subit beaucoup de pression	Maria subisce molte pressioni
Belle-famille	Suoceri
Se demander	Domandarsi
Faire face à leur problème	Affrontare il loro problema

Storia 2: Una grande famiglia

Lea viene da una **grande famiglia**. Ha tre **fratelli**. Suo padre si chiama George e sua madre Lydie. Il matrimonio tra George e Lydie è **combinato**.

Il loro primo figlio è **nato** un anno dopo le **nozze**. La loro **primogenita** si chiama Maria. Richard è il secondo figlio. Ha lo stesso nome del suo **bisnonno**, il nonno di suo padre. Léa è la terza. Gina è la **sorella minore** di Léa. Gina è la **più piccola** della famiglia. **Assomiglia molto a sua madre.**

Lea ha sette **cugini di primo grado** dalla parte di suo padre, quattro ragazze e tre ragazzi. Ne ha anche sette materni, cinque ragazze e due ragazzi. Léa e i suoi fratelli sono più vicini **alla famiglia della loro madre**. Leah e Gina visitano spesso la loro **zia** Jocelyne: **la sorella minore** di Lydie. La loro nonna materna è molto **gentile**. La paterna è severa. I due nonni sono già **morti**.

Luc è un amico di famiglia. È anche un **vicino di casa**. Luc è un **padre single**. Sua figlia si chiama Catherine. È **figlia unica**. Ed è anche **orfana di madre**. Léa e Catherine sono molto vicine. Leah è **quasi** come una sorella per Catherine.

Alcuni membri della famiglia di George vivono **all'estero**. Suo fratello maggiore vive in Francia. Sua moglie è francese. Due figli di **etnia mista** sono nati dalla loro unione. Ogni anno, George organizza una grande festa in cui tutta la famiglia si incontra. George è felice di vedere i suoi fratelli e sorelle, così come i suoi **nipoti.**

Dopo dieci anni di matrimonio, George e Lydie iniziano a discutere spesso. Hanno **problemi di coppia**. Lydie è **attratta da** Luke. George ha una **amante**. Il suo nome è Gisèle. Ha trent'anni. **George e Lydie non si amano più**. Il loro matrimonio è stato un errore. Stanno divorziando. I loro figli sono **arrabbiati**. Ma questa è la migliore decisione possibile.

George lascia la casa. Si trasferisce da Gisèle. Gina **piange**. Lydie le spiega che suo padre non vive più con loro, ma ama ancora Gina e i suoi fratelli. Lea **rasserena** la sua sorellina. **Richard la prende tra le**

braccia. George rimane in buoni rapporti con la sua **ex moglie. Lydie inizia una relazione romantica con Luke.**

Sei mesi dopo, George si risposa. Invita Lydie, Luc e i bambini al suo matrimonio. Lydie però non vuole venire. Gina e Luc restano a casa con Lydie. Maria, Richard e Léa partecipano al matrimonio.

Lydie e Luc iniziano una **convivenza** assieme ai loro figli. Lea è felice di vivere con Catherine. E poi, adora Luc. È come un secondo padre per lei. La vecchia casa di Luc e Catherine è **in affitto**.

I nuovi **inquilini** sono una vecchia coppia di **pensionati**: Christophe e Christine Wilson. Sono soli. I loro figli e **nipoti** vivono tutti all'estero da anni. Maria prepara una bella **torta** per accogliere Christophe e Christine. Quest'ultima la ringrazia **calorosamente**. Invita quindi Maria e tutti gli altri bambini ad assaggiare la torta con suo **marito**. Maria chiama Richard, Leah, Gina e Catherine per mangiare la torta dai Wilson. Maria li presenta ai nuovi vicini.

Gisèle rimane incinta. Nove mesi dopo, **partorisce il suo primo figlio**. Lo chiama Lionel. La sua sorellina più piccola nasce dopo **un anno e mezzo**. Si chiama Prisca. È bionda come sua madre.

Il tempo passa. I bimbi crescono. I più grandicelli diventano giovani adulti, e i più piccoli adolescenti. Leah va d'accordo col suo **fratellastro** e la sua sorellastra. Assieme a Gina, li invita a mangiare le pizze insieme. Leah e Gina li conoscono meglio. Presto, tra loro nascerà un'amicizia.

Nel frattempo, nascono dei **sentimenti** tra Richard e Catherine. **Si innamorano**. Ma **sono spaventati** della reazione di Luc e Lydie. Nascondono la loro relazione a tutti, **tranne che** a Léa. Casualmente, però, Luc e Lydia **scoprono** il rapporto tra i due **piccioncini**. I loro genitori approvano la relazione.

Un anno dopo, **Richard chiede a Catherine di sposarlo**. Catherine **salta** tra le braccia di Richard e accetta. Richard e Catherine organizzano il loro **fidanzamento**. Lea è felice. La sua migliore amica diventa sua **cognata**. Leah aiuta suo fratello a scegliere un **anello di fidanzamento** per Catherine. Durante la festa di fidanzamento,

George invita la sua **cognata** a ballare. Suo **nipote** nasce dodici mesi dopo. Il suo nome è Peter. Peter ha gli occhi di sua madre Catherine.

Dopo un po', è il turno di Maria di sposarsi. Suo marito è un **uomo affascinante**, alto e ricco. Il suo nome è John Jackson. Sfortunatamente, la coppia non può avere figli. La madre di John è **irritata** dalla situazione. Il suo unico figlio deve avere un **erede. Maria subisce molte pressioni** dai suoi **suoceri.** Si **domanda** se dovrebbe lasciare John. Lui le dice di non pensarci mai. È sua moglie e la ama. Dovranno **affrontare il loro problema** insieme. Per risolverlo, John e Maria adottano un figlio. Tre anni dopo, accade un miracolo. Maria alla fine rimane incinta. Dà alla luce una splendida bimba: Lucia.

Histoire 3: Une passion pour la musique

Le **chant** est le **passe-temps** préféré de Christian. Sa mère s'appelle Jeanne. Son père s'appelle Alain. Entre deux et quatre ans, Christian adore **écouter** des **comptines**. Il aime les **fredonner**. À cinq ans, Christian sait déjà **lire**. Il aime **faire du karaoké**.

À neuf ans, il participe à **un concours de chant** pour enfants. Christian a beaucoup de talent. Les membres du jury en sont impressionnés. Christian est **parmi** les finalistes de la compétition. **Le gagnant du concours** est un jeune garçon de douze ans. **Christian remporte le deuxième prix**. Il obtient **une console de jeu**, une bicyclette, de l'**argent** et des **vacances à l'étranger**. Il gagne aussi un billet pour Disneyland.

Alain et Jeanne sont très fiers de leur enfant. Ils le **félicitent** et l'**embrassent**.

Alain et Jeanne organisent une grosse **fête** pour le dixième anniversaire de Christian. On y invite toute la famille et quelques **camarades de classe**. À seize heures, **Christian fait un vœu**. Puis, **il souffle les bougies** sur le gâteau d'anniversaire. **Tout le monde** applaudit. Les invités offrent des **cadeaux** à Christian.

À dix-huit heures, la fête se termine. Les gens rentrent chez eux. Les parents de Christian les remercient. **Christian déballe ses cadeaux**. Il **reçoit** de nouvelles chaussures, de nouveaux **vêtements** et de nouveaux **jouets**. Ses parents lui offrent des **patins à roulettes**.

Pour le dîner, Jeanne lui prépare son **plat préféré**. À vingt heures, ils dînent. Ils mangent des macaronis au **fromage**.

Christian voit une vieille guitare dans **le débarras. Il apprend tout seul à jouer de la guitare. Sa mère le remarque.** Elle lui achète une nouvelle guitare. **Elle cherche** une école de musique pour son **fils**. Christian commence des **cours de guitare**.

À onze ans, Christian chante pendant une fête de son école. Un **professeur de chant** le remarque. **Il salue Christian** et ses parents. Puis, il se présente. Il est professeur de chant depuis vingt-cinq ans. Christian a une belle voix. Cyril souhaite lui apprendre à chanter. Jeanne et Alain acceptent la proposition. C'est une belle opportunité. Christian rencontre une autre élève de Cyril. Elle s'appelle Anna. Anna joue du piano. **Christian et Anna ont le même âge. Ils se lient d'amitié.**

À douze ans, Christian entre en classe de sixième. Au collège, il obtient de mauvaises notes. Christian est trop concentré sur la musique et le chant. Son père lui demande de se concentrer sur les études. Christian **délaisse** la musique. Il obtient de meilleures notes à l'école.

À seize ans, Christian entre au lycée. Il apprend à **gérer son temps** pour les **loisirs** et les études. Il continue la musique et le chant. Au lycée, Christian rencontre d'autres jeunes. Ils font aussi de la musique. Ken joue de la guitare. Et Nick joue de la batterie. **Christian sympathise avec Nick et Ken.** Nick invite Christian et Ken à jouer de la musique ensemble. Il a un studio chez lui. **Il possède** une **batterie**, une guitare acoustique et un synthétiseur. Christian invite Anna à jouer avec eux.

Le samedi matin, Christian, Ken et Anna vont chez Nick. Nick présente ses nouveaux amis à ses parents. Le père de Nick est un ancien **batteur**. Sa mère est une ancienne **choriste**. Sa **grande sœur** joue du **violon**. Nick vient d'une famille d'artistes.

Les quatre jeunes gens entrent dans le studio. Chacun joue son instrument de musique. Ils jouent des **chansons connues**. Christian et Anna chantent en même temps. La mère de Nick offre des **jus** à tout le monde. Les quatre jeunes gens deviennent inséparables. L'amour de la musique les unit.

Quelques mois plus tard, Cyril les appelle pour animer une fête. Christian, Anna, Nick et Ken sont excités. Mais **ils ont le trac. Anna rougit.** Ken est **en sueur**. Nick a mal au ventre. **Les mains de**

Christian tremblent. Lui et ses amis **jouent sur scène** pour la première fois. Leurs parents et leur famille sont tous présents.

Finalement, **tout se passe bien**. La **sonorisation** est impeccable. Les **chanteurs** chantent bien. La liste des chansons est bien choisie. Toutes les personnes présentes sont contentes. Le groupe reçoit les applaudissements du public. Cyril est content de leur **prestation**. Il leur donne leur **rémunération**.

La nuit tombe. Christian a une faim de loup. Alain veut **fêter** cette première **réussite**. Il invite les quatre musiciens au restaurant. Il invite Cyril aussi.

Le temps passe. Christian et ses amis finissent le lycée. Anna quitte le pays. Elle continue ses études à l'étranger. **Ses études durent plusieurs années**. Christian est **très triste**. **Il a le cœur brisé**.

Christian se réveille au beau milieu de la nuit. Il est inspiré par le départ de son amie. Il prend un papier et un **stylo**. Il écrit les **paroles** d'une chanson. Puis, Christian prend sa guitare. Il compose la mélodie de la chanson. C'est une chanson mélancolique. Le premier **couplet raconte** un amour impossible. Le deuxième couplet raconte la séparation. Le **refrain décrit** les sentiments du chanteur.

Le lendemain, Christian chante sa chanson avec sa guitare. Ken, Nick, Cyril, Jeanne et Alain l'écoutent. **Les parents de Christian sont émus par la chanson**. C'est une chanson très **poignante**. Et c'est une belle déclaration d'amour. Ken et Nick adorent la chanson.

Les trois jeunes garçons commencent leur carrière professionnelle dans la musique. Ils recrutent une nouvelle pianiste. Elle s'appelle June. June est la nièce de Cyril. Christian, Nick, Ken et June créent leur groupe de musique. Ils le nomment « Ong'Stu ». Puis, **ils enregistrent la chanson** de Christian. Le **titre de la chanson** est « Pour toi ». Un mois plus tard, **ils sortent leur premier single**. En quelques jours, la chanson devient une **chanson à succès**. Christian dédie la chanson à Anna. Anna en est émue. Elle remercie Christian.

Cyril compose trois chansons pour le groupe Ong'Stu. Christian et June aussi, composent d'autres chansons. Alain et Cyril les aident.

Six mois plus tard, Christian, June, Nick et Ken sortent leur premier album de chansons. Six semaines après, ils ont leur premier concert. **Les fans remplissent la salle de spectacle**. Les fans connaissent les chansons **par cœur**. Le spectacle dure une heure et demie.

Christian pense à Anna. **Son rêve se réalise**.

Vocabulaire

Chant	Cantare
Passe-temps	Passatempo, hobby
Écouter	Ascoltare
Comptine(s)	Filastrocca(che)
Fredonner	Canticchiare
Lire	Leggere
Faire du karaoké	Cantare al karaoke
Un concours de chant	Una gara di canto
Parmi	Tra
Le gagnant du concours	Il vincitore del concorso
Christian remporte le deuxième prix	Christian vince il secondo premio
Il prend des cours de musique	Prende lezioni di musica
Une console de jeu	Una console da gioco
Argent	Soldi
Vacances à l'étranger	Vacanze all'estero
Féliciter	Congratularsi
Embrasser	Baciano
Fête	Festa
Camarade(s) de classe	Compagno(a/i) di classe
Faire un vœu (Christian fait un vœu)	Esprimere un desiderio (Christian esprime un desiderio)
Souffler les bougies (il souffle les bougies)	Soffiare le candeline (lui soffia le candeline)
Tout le monde	Tutti
Cadeau(x)	Regalo(i)
Déballer ses cadeaux (Christian déballe ses cadeaux)	Scartare i suoi regali (Christian scarta i suoi regali)
Obtenir	Ricevere
Vêtements	Abiti
Jouets	Giocattoli
Patins à roulettes	Pattini
Plat préféré	Piatto preferito

Fromage	Formaggio
Le débarras	Guardaroba
Christian apprend tout seul à jouer de la guitare	Christian impara da solo a suonare la chitarra
Remarquer (sa mère le remarque)	Notare (sua madre lo nota)
Chercher (elle cherche…)	Cercare (lei cerca ...)
Fils	Figlio
Cours de guitare	Lezioni di chitarra
Professeur de chant	Insegnante di canto
Christian et Anna ont le même âge	Christian e Anna hanno la stessa età
Ils se lient d'amitié	Diventano amici
Saluer (Il salue Christian)	Salutare (saluta Christian)
Délaisser (Christian délaisse la musique)	Lasciare (Christian lascia la musica)
Gérer son temps	Gestire il tempo
Loisirs	Hobby
Sympathiser avec… (Christian sympathise avec Nick et Ken)	Andare d'accordo ... (Christian va molto d'accordo con Nick e Ken)
Posséder (il possède)	Avere (Lui ha)
Batterie	Batteria
Batteur	Batterista
Grande sœur	Sorella maggiore
Choriste	Corista, seconda voce
Violon	Violino
Chansons connues	Canzoni conosciute, canzoni famose
En même temps	Contemporaneamente
Jus	Succo
Ils ont le trac	Hanno paura del palcoscenico
Rougir (Anna rougit)	Arrossire (Anna arrossisce)
En sueur	Sudato
Estomac	Stomaco

Main(s)	Mano(i)
Trembler (les mains de Christian tremblent)	Tremare (le mani di Christian tremano)
Jouer sur scène	Sul palco
Sonorisation	Sistema sonoro
Chanteur(s)	Cantante(i)
Prestation	Prestazione
Rémunération	Paga
La nuit tombe	Scende la notte
Christian a une faim de loup	Christian ha una fame da lupo
Fêter	Festeggiare
Réussite	Successo
Ses études durent plusieurs années	I suoi studi durano diversi anni
Très triste	Molto triste
Tout se passe bien	Va tutto bene
Il a le cœur brisé	Il suo cuore è spezzato
Christian se réveille au beau milieu de la nuit	Christian si sveglia nel cuore della notte
Stylo	Penna
Paroles	Testo
Couplet	Strofa
Raconter	Racconta
Refrain	Ritornello
Décrire (le refrain décrit…)	Descrivere (il ritornello descrive …)
Le lendemain	Il giorno successivo
Les parents de Christian sont émus par la chanson	I genitori di Christian sono toccati dalla canzone
Poignant(e)	Commovente
Ils enregistrent la chanson	Registrano la canzone
Titre de la chanson	Titolo del brano
Ils sortent leur premier single	Viene rilasciato il loro primo singolo
Chanson à succès	Hit

Remplir (Les fans remplissent la salle de spectacle)	Riempire (I fan riempiono l'auditorium)
Par cœur	A memoria
Son rêve se réalise	Il suo sogno diventa realtà

Storia 3: Una passione per la musica

Cantare è il **passatempo** preferito di Christian. Sua madre si chiama Jeanne e suo padre Alain. Tra i due e i quattro anni di età, a Christian piace molto **ascoltare** le **filastrocche**. Gli piace **canticchiarle**. A cinque anni, Christian sa **leggere**. Gli piace **cantare al karaoke**.

A nove anni, partecipa a **una gara di canto** per bambini. Christian ha molto talento. I membri della giuria sono impressionati. Christian è **tra** i finalisti della competizione. **Il vincitore del concorso** è un ragazzo di dodici anni. **Christian vince il secondo premio**. Ottiene **una console di gioco**, una bicicletta, dei **soldi** e **una vacanza all'estero**. Vince anche un biglietto per Disneyland.

Alain e Jeanne sono molto orgogliosi del loro bambino. Si **congratulano con lui** e **lo baciano**.

Alain e Jeanne organizzano un grande **festa** per il decimo compleanno di Christian. Invitano tutta la famiglia e alcuni **compagni di classe**. Alle quattro, **Christian esprime un desiderio**. Poi **soffia le candeline** sulla torta di compleanno. **Tutti** applaudono. Gli ospiti offrono dei **regali** a Christian.

Alle sei, la festa finisce. Le persone vanno a casa. I genitori di Christian li ringraziano. **Christian scarta i suoi regali**. Christian **riceve** scarpe, **abiti** e **giocattoli** nuovi. I suoi genitori gli prendono i **pattini**.

Per cena, Jeanne gli prepara il suo **piatto preferito**. Alle otto cenano. Mangiano maccheroni al **formaggio**.

Christian vede una vecchia chitarra **nel guardaroba. Christian impara da solo a suonare la chitarra**. Sua madre lo **nota**. Gli compra una nuova chitarra. **Lei cerca** una scuola di musica per suo **figlio**. Christian inizia a prendere **lezioni di chitarra**.

A undici anni, Christian canta ad una festa nella sua scuola. Un **insegnante di canto** lo nota. **Saluta Christian** e i suoi genitori. Quindi si presenta. Insegna canto da venticinque anni. Christian ha una bella voce. Cyril desidera insegnargli a cantare. Jeanne e Alain accettano la proposta. È una grande opportunità. Christian incontra un'altra studentessa di Cyril. Il suo nome è Anna. Anna suona il piano. **Christian e Anna hanno la stessa età. Diventano amici.**

A dodici anni, Christian inizia la prima media. In questa scuola prende dei cattivi voti. Christian è troppo concentrato sulla musica e il canto. Suo padre gli chiede di concentrarsi sugli studi. Christian **lascia la musica**. Ottiene voti migliori a scuola.

A sedici anni, Christian inizia le superiori. Impara a **gestire il suo tempo** tra **hobby** e studi. Continua con la musica e il canto. Al liceo, Christian incontra altri giovani. Fanno anche loro musica. Ken suona la chitarra. E Nick la batteria. **Christian va molto d'accordo con Nick e Ken.** Nick invita Christian e Ken a suonare insieme. Ha uno studio a casa. **Lui ha** la **batteria**, una chitarra acustica e un sintetizzatore. Christian invita Anna a suonare con loro.

Sabato mattina, Christian, Ken e Anna vanno a casa di Nick. Nick presenta i suoi nuovi amici ai suoi genitori. Il padre di Nick è un ex **batterista**. Sua madre è una ex **corista**. Sua **sorella maggiore** suona il **violino**. Nick viene da una famiglia di artisti.

I quattro giovani entrano nello studio. Tutti suonano il loro strumento musicale. Suonano **canzoni famose**. Christian e Anna cantano **contemporaneamente**. La mamma di Nick offre del **succo di frutta** a tutti. I quattro giovani diventano inseparabili. L'amore per la musica li unisce.

Alcuni mesi dopo, Cyril li chiama ad animare una festa. Christian, Anna, Nick e Ken sono entusiasti. Ma **hanno paura del palcoscenico. Anna arrossisce.** Ken è **sudato**. Nick ha **mal di stomaco. Le mani di Christian tremano.** Lui e i suoi amici suonano **su un palco** per la prima volta. I loro genitori e famiglie sono tutti presenti.

Alla fine, **va tutto bene.** Il **sistema sonoro** è impeccabile. I **cantanti** cantano bene. La scaletta delle canzoni è ben scelta. Tutti i presenti sono soddisfatti. Il gruppo riceve le congratulazioni del pubblico. Cyril è felice della loro **prestazione**. Gli dà la loro **paga**.

Scende la notte. **Christian ha una fame da lupo**. Alain desidera **festeggiare** questo primo **successo**. Quindi invita i quattro musicisti al ristorante. Chiama anche Cyril.

Il tempo passa. Christian e i suoi amici finiscono il liceo. Anna lascia il paese. Continua a studiare all'estero. **I suoi studi durano diversi anni**. Christian è **molto triste**. **Il suo cuore è spezzato**.

Christian si sveglia nel cuore della notte. È ispirato dalla partenza della sua amica. Prende carta e **penna**. Scrive il **testo** di una canzone. Poi Christian prende la sua chitarra. Compone la melodia della canzone. È un brano malinconico. La prima **strofa racconta** un amore impossibile. La seconda parla della separazione. Il **ritornello descrive** i sentimenti del cantante.

Il giorno successivo, Christian canta la sua canzone con la chitarra. Ken, Nick, Cyril, Jeanne e Alain lo ascoltano. **I genitori di Christian sono toccati dalla canzone**. È davvero **commovente**. Ed è una bellissima dichiarazione d'amore. Ken e Nick adorano la canzone.

I tre giovani iniziano la loro carriera professionale nella musica. Reclutano una pianista. Il suo nome è June. June è la nipote di Cyril. Christian, Nick, Ken e June creano la loro band. La chiamano "Ong'Stu". Poi **registrano** la **canzone** di Christian. Il **titolo del brano** è "Per te". Un mese dopo, **viene rilasciato il loro primo singolo.** In pochi giorni, la canzone diventa una **hit**. Christian dedica la canzone ad Anna. Anna si commuove. Lei ringrazia Christian.

Cyril compone tre canzoni per la band Ong'Stu. Anche Christian e June compongono altre canzoni. Alain e Cyril li aiutano.

Dopo sei mesi, Christian, June, Nick e Ken pubblicano il loro primo album. Sei settimane dopo, fanno il loro primo concerto. **I fan riempiono l'auditorium**. Conoscono le canzoni **a memoria**. Lo spettacolo dura un'ora e mezza.

Christian pensa ad Anna. **Il suo sogno diventa realtà**.

Histoire 4: La vie d'une famille ordinaire

Aline a treize ans. Elle est **collégienne**. Elle adore écrire. Sa mère lui offre un **journal intime**. Elle écrit ses **pensées** dans ce journal. **Elle le range** dans son **tiroir**.

Du lundi au vendredi, **Aline se réveille** à six heures trente, tous les matins. **Elle prend une douche.** Le mercredi, **elle lave ses cheveux. Elle nettoie ses oreilles. Elle se brosse les dents.** Elle coupe ses **ongles.** Elle sort de la **salle de bain** à six heures quarante-cinq minutes. **Elle se sèche** avec une **serviette. Elle s'habille et met ses chaussures. Elle peigne ses cheveux.** Elle prend son **cartable**. Puis, elle sort de sa **chambre**.

À sept heures, elle va dans la **salle à manger. Elle prend le petit déjeuner** avec son père. À sept heures quinze, elle sort de la maison. Elle va à l'**arrêt de bus**. Elle prend le bus. À sept heures quarante-cinq, elle arrive au collège.

La sonnerie retentit à sept heures cinquante. Les élèves vont dans leur **salle de classe.** Chacun **s'assied** à sa place. Les cours commencent. La pause est à neuf heures quarante-cinq. Les cours continuent à dix heures. Le matin, les cours finissent à midi.

Aline va à la **cantine**. Elle prend le **déjeuner** avec deux copines. Après le déjeuner, elle va à la bibliothèque de l'école. Elle prend une place. Elle lit, écrit ou **fait ses devoirs.** Parfois, **elle s'endort**.

L'**après-midi**, les cours commencent à treize heures trente. Ils finissent à dix-sept heures. Aline prend le bus pour rentrer. Elle arrive à la maison à dix-huit heures. Elle **pose** son cartable dans sa chambre. Elle descend et prend un **goûter**. Elle fait une pause jusqu'à l'arrivée de sa mère.

La famille dîne vers vingt heures. Puis, Aline enlève ses chaussures, **se déshabille** et se lave. Elle met son linge sale dans le **bac à linge**. Elle met son pyjama. Ensuite, **elle apprend** ses leçons et fait ses devoirs. Elle raconte sa journée dans son journal intime. Vers vingt et une heures, elle va dans son lit. Elle lit, puis s'endort.

Le samedi, Aline se réveille vers neuf heures trente. Aline est une élève studieuse. Le samedi matin, elle termine ses devoirs **inachevés la veille**. Puis, elle apprend ou révise ses leçons.

Le samedi après-midi, Aline suit des cours de danse classique. Sa mère la dépose. Ensuite, **elle passe prendre Aline** à seize heures.

Le dimanche, Aline fait des activités avec sa famille. Ils restent à la maison ou font une sortie.

La grande sœur d'Aline s'appelle Leslie. Elle a vingt-cinq ans. Elle est **jeune diplômée. Leslie est au chômage.** Elle habite chez ses parents. Elle adore **passer du temps** avec ses amis. Elle aime **bavarder avec** une copine. Elle adore aussi le **maquillage**.

Tous les matins, Leslie se réveille à dix heures. Elle se prépare et sort de la maison. **Elle ferme la porte à clé.** Elle va au garage de la maison. Elle met son **casque de moto. Elle démarre la moto** et s'en va.

Leslie a un job temporaire. Elle est **serveuse** dans un petit restaurant. **Elle travaille à mi-temps.** À dix heures vingt, elle arrive au restaurant. Elle se sert du café et mange du **pain au beurre.** Puis, elle met sa **tenue de serveuse.** Elle commence à travailler.

Quentin est un **client habitué** du restaurant. **Il fait la cour à Leslie.** Tous les jours, Quentin donne un **généreux pourboire** à Leslie. La jeune femme est **gênée**.

À treize heures, elle fait une pause de quinze minutes. **Elle prend un encas** et continue ses services. **Leslie ne mange pas beaucoup.** Elle a peur de **grossir. Elle n'a que la peau sur les os.**

À dix-huit heures, Leslie finit ses services. À dix-huit heures trente, elle rejoint ses amis dans un bar.

Le vendredi soir, Leslie et ses amis sortent en **boîte de nuit**. Elle rentre vers une heure du matin. Parfois, une amie dort chez elle. Le samedi matin, Leslie est **épuisée**. **Elle fait la grasse matinée.** Leslie se réveille vers midi. Elle prend son déjeuner. L'après-midi, elle regarde des séries ou va au cinéma avec ses amis.

La mère de Leslie et d'Aline s'appelle Stephy. Stephy est **enseignante** à l'école primaire. Stephy adore les enfants et son métier. Tous les soirs, elle prépare les cours à donner aux enfants le lendemain. Après les examens, il lui arrive de **veiller tard**. **Elle corrige les copies d'examen** de ses élèves. Stephy connaît tous les prénoms de ses élèves. Le mercredi après-midi, **il n'y a pas école. Elle a du temps libre**.

Le mari de Stephy s'appelle Rob. **Rob travaille dans l'informatique.** Il est développeur. Il travaille dans un bureau. Il est **tout le temps** assis devant un **ordinateur**. Il **tape** des lignes de code sur le **clavier**. Rob est aussi responsable de la maintenance des ordinateurs de son lieu de travail. Il est le **responsable informatique. Rob fait beaucoup d'heures supplémentaires**. Aline trouve qu'**il travaille trop**. Elle a peur que son père **se surmène**.

Vocabulaire

Collégienne	Studentessa
Journal intime	Diario
Pensée(s)	Pensieri
Ranger (elle le range)	Conservare (lo conserva)
Tiroir	Cassetto
Se réveiller (Aline se réveille)	Svegliarsi (Aline si sveglia)
Prendre une douche (elle prend une douche)	Fare la doccia (fa la doccia)
Elle lave ses cheveux	Si lava i capelli
Elle nettoie ses oreilles	Si pulisce le orecchie
Elle brosse ses dents	Lei si lava i denti
Ongles	Unghie
Salle de bain	Bagno
Se sécher (elle se sèche)	Asciugare (si asciuga)
Serviette de bain	Asciugamano
Elle s'habille et met ses chaussures	Si veste e si mette le scarpe
Elle peigne ses cheveux	Lei si pettina i capelli
Cartable	Zaino
Chambre	Camera da letto
Salle à manger	Sala da pranzo
Prendre le petit déjeuner (elle prend le petit déjeuner)	Fare colazione (fa colazione)
Arrêt de bus	Fermata dell'autobus
La sonnerie retentit	La campanella suona
Salle de classe	Aula
S'asseoir	Siediti
Cantine	Caffetteria
Déjeuner	Pranzo
Faire ses devoirs (elle fait ses devoirs)	Fare i suoi compiti (lei fa i compiti)
Elle s'endort	Si addormenta

Après-midi	Pomeriggio
Poser	Lascia
Goûter	Spuntino
Bac à linge	Cestino della biancheria
Se déshabiller (elle se déshabille)	Spogliarsi (si spoglia)
Apprendre (elle apprend)	Ripassare (ripassa)
Inachevé(s)	Incompleto
La veille	Il giorno prima/la sera prima/la sera prima
Elle passe prendre Annie	Passa a prendere Aline
Jeune diplômé(e)	Giovane laureato/a
Leslie est au chômage	Leslie è disoccupata
Passer du temps	Trascorrere il tempo
Bavarder avec	Spettegolare con
Maquillage	Trucco
Elle ferme la porte à clé	Chiude la porta a chiave
Casque de moto	Casco per la moto
Elle démarre la moto	La mette in moto
Serveuse	Cameriera
Elle travaille à mi temps	Lavora part-time
Pain beurré	Pane e burro
Tenue de serveuse	Uniforme da cameriere
Client habitué	Cliente abituale
Il fait la cour à Leslie	Fa la corte a Leslie
Généreux pourboire	Suggerimento generoso
Gêné(e)	A disagio
Prendre un encas (elle prend un encas)	Per fare uno spuntino (lei fa uno spuntino)
Leslie ne mange pas beaucoup	Leslie non mangia molto
Grossir	Ingrassare
Elle n'a que la peau sur les os	è tutta pelle e ossa
Boîte de nuit	Discoteca

Épuisé(e)	Esausta
Elle fait la grasse matinée	Lei dorme fino a tardi
Enseignante	Insegnante
Veiller tard	Rimane in piedi fino a tardi
Elle corrige les copies d'examen de ses élèves	Corregge i compiti in classe dei suoi studenti
Il n'y a pas école	Non c'è scuola
Elle a du temps libre	Lei ha del tempo libero
Rob travaille dans l'informatique	Rob lavora in campo informatico
Tout le temps	Sempre
Ordinateur	Computer
Taper (il tape…)	Digitare (digita...)
Clavier	Tastiera
Responsable informatique	Manager informatico
Rob fait beaucoup d'heures supplémentaires	Rob fa molte ore di straordinari
Il travaille trop	Lui lavori troppo
Se surmener (son père se surmène)	Sovraccaricarsi (Peter si sta sovraccaricando)

Storia 4: Vita di una famiglia normale

Aline ha tredici anni. È una **studentessa**. Ama scrivere. Sua madre le regala un **diario**. Lì ci scrive i suoi **pensieri. Lo conserva** in un **cassetto**.

Dal lunedì al venerdì, **Aline si sveglia** alle sei e mezza ogni mattina. **Fa una doccia.** Di mercoledì, **si lava i capelli. Si pulisce le orecchie. Si lava i denti.** Si taglia le **unghie.** Lascia il **bagno** alle sei e quarantacinque. **Si asciuga** con un **asciugamano. Si veste e si mette le scarpe. Si spazzola i capelli.** Prende il suo **zaino.** Quindi la lascia **camera da letto**.

Alle sette si reca nella **sala da pranzo. Fa colazione** con suo padre. Alle sette e un quarto, lascia la casa. Si reca alla **fermata dell'autobus.** Prende l'autobus. Alle sette e quarantacinque arriva a scuola.

La campanella suona alle sette e cinquanta. Gli studenti vanno nelle loro **aule.** Tutti **si siedono** al proprio posto. Le lezioni iniziano. La ricreazione è alle nove e quarantacinque. Le lezioni continuano fino alle dieci. Al mattino le lezioni terminano a mezzogiorno.

Aline si reca in **caffetteria.** Lì consuma il suo **pranzo** con due amiche. Dopodiché, va alla biblioteca della scuola. Prende un posto. Legge, scrive o **fa i suoi compiti.** Qualche volta **si addormenta**.

Nel **pomeriggio,** le lezioni iniziano alle 13:30. Finiscono alle cinque. Aline prende l'autobus. Arriva a casa alle diciotto. **Lascia** la borsa nella sua stanza. Scende e fa uno **spuntino.** Si prende una pausa fino all'arrivo di sua madre.

La famiglia cena intorno alle otto. Poi Aline si toglie le scarpe, **si spoglia** e si lava. Lascia il suo bucato sporco nel **cestino della biancheria.** Si mette il pigiama. Poi **ripassa** le sue lezioni e fa i compiti. Racconta la sua giornata nel suo diario. Verso le 21, va a letto. Legge e si addormenta.

Di sabato, Aline si sveglia alle nove e mezza. È una studentessa diligente. Il sabato mattina termina i compiti **incompleti del giorno prima**. Quindi studia o ripassa le sue lezioni.

Sabato pomeriggio, Aline segue delle lezioni di danza classica. La accompagna lì sua madre. Poi **passa a prendere Aline** alle quattro.

Domenica, Aline svolge alcune attività con la sua famiglia. Stanno a casa o escono.

La sorella maggiore di Aline è Leslie. Ha venticinque anni. È una **giovane laureata. Leslie è disoccupata.** Vive con i suoi genitori. Ama **trascorrere il tempo** con i suoi amici. Le piace **spettegolare** assieme ad un'amica. Anche lei ama il **trucco**.

Ogni mattina Leslie si sveglia alle dieci. Si prepara e esce di casa. **Chiude la porta a chiave.** Si reca al garage di casa. Lì indossa **casco per la motocicletta. La mette in moto** e se ne va.

Leslie ha un lavoro temporaneo. È una **cameriera** in un piccolo ristorante. **Lavora part-time.** Alle dieci e venti, arriva al ristorante. Prende un caffè e mangia **pane e burro.** Quindi indossa la sua **uniforme da cameriera.** Inizia quindi a lavorare.

Quentin è un **cliente abituale** del ristorante. **Sta facendo la corte a Leslie.** Ogni giorno, Quentin dà a Leslie una **generosa mancia.** La ragazza si sente a **disagio**.

All'una fa una pausa di quindici minuti. **Fa uno spuntino** e continua i suoi servizi. **Leslie non mangia molto.** Ha paura di **ingrassare. È tutta pelle e ossa.**

Alle sei Leslie finisce il suo turno. Alle sei e mezza, si riunisce con le sue amiche in un bar.

Il venerdì sera, Leslie e le sue amiche vanno in **discoteca**. Torna all'una del mattino. A volte dorme a casa sua una sua amica. Il sabato mattina, Leslie è **esausta. Dorme fino a tardi.** Leslie si sveglia verso mezzogiorno. Pranza. Nel pomeriggio, guarda le telenovele o va al cinema con le sue amiche.

Il nome della madre di Leslie e Aline è Stephy. È un'**insegnante** di scuola elementare. Stephy ama i bambini e il suo lavoro. Ogni sera prepara le lezioni per il giorno successivo. Dopo gli esami, a volte, **rimane in piedi fino a tardi. Corregge i compiti in classe dei suoi studenti.** Stephy conosce tutti i loro nomi. Il mercoledì pomeriggio **non c'è scuola.** Così **lei ha del tempo libero.**

Il marito di Stephy si chiama Rob. **Lavora in campo informatica.** Rob è uno sviluppatore. Lavora in un ufficio. È **sempre** seduto di fronte a un **computer. Digita** linee di codice sulla **tastiera.** Rob è anche responsabile della manutenzione dei computer sul posto di lavoro. Lui è un **manager informatico. Rob fa molte ore di straordinari.** Aline ritiene che **lui lavori troppo.** Aline teme che suo padre **si stia sovraccaricando.**

Histoire 5: Voyage, tourisme et vacances

C'est l'été. C'est la **période des vacances**. **Nicolas prépare un voyage** en famille. Il va à l'**agence de voyage**. Un **agent de voyage** l'accueille :

- Bonjour, monsieur. Que puis-je faire pour vous ?
- Bonjour, je voudrais **acheter des billets d'avion** pour Paris, s'il vous plaît.
- Quand partez-vous ?
- **Vendredi prochain**.
- Combien de billets achetez-vous ?
- J'ai besoin de quatre billets d'avion, pour deux adultes et deux enfants.

Nicolas obtient les billets et **rentre à la maison**. Il envoie un e-mail à Sid pour confirmer son **vol**. Sid est le frère de Nicolas. Il habite en France. Les enfants de Nicolas - Chanel et Charlie - sont contents. C'est la première fois qu'ils vont en France. Jenny - la femme de Nicolas - le remercie. **Elle lui donne un baiser sur la joue**.

Jeudi, Jenny prépare les **bagages**. Nicolas vérifie les passeports de tout le monde. Il met son passeport et les passeports des enfants dans son **bagage à main**.

Vendredi matin, Jenny achète un petit cadeau pour Martin. Martin est son **neveu par alliance**. Il est le fils de Sid.

À dix-neuf heures, **Nicolas, Jenny et Evan** - leur **chauffeur** - **chargent les bagages** dans la **voiture**. À dix-neuf heures trente, tout le monde monte dans la voiture. Ils partent pour l'aéroport. À vingt heures, ils arrivent dans le parking de l'aéroport. Nicolas met les bagages dans un **chariot à bagages**.

Nicolas, Jenny et les enfants vont au **comptoir d'enregistrement** pour faire l'**enregistrement**. Les passeports et les billets sont vérifiés. Les **valises** sont **pesées**. Puis, les bagages sont envoyés dans la **soute** de l'avion. **Chacun** prend sa **carte d'embarquement**. Nicolas et sa famille se dirigent vers leur **porte d'embarquement**. Ils passent la **douane**.

Ils attendent l'heure d'embarquement dans la salle d'attente. À vingt-deux heures trente, **les passagers embarquent**. Dans l'avion, des **agents de bord** accueillent les passagers. Une **hôtesse de l'air sourit** à Chanel et à Charlie. Chacun s'assied sur son **siège**. Les passagers attachent leur **ceinture de sécurité**. L'avion **décolle**.

L'avion arrive à destination vers sept heures du matin. L'avion **atterrit**. Nicolas et sa famille sortent de l'avion. Les agents de bord leur souhaitent la bienvenue en France. Nicolas et sa famille prennent leurs bagages sur le **carrousel**. Sid passe prendre la famille à l'aéroport. Il est content de les revoir. Chanel et Charlie ne se souviennent pas de leur oncle Sid. Nicolas présente son frère à ses enfants.

Les bagages sont chargés dans la voiture de Sid. Après une demi-heure de route, ils arrivent chez Sid. La maison de Sid est une belle grande maison. Nicolas et sa famille restent à Paris pendant une semaine. Ils **logent** chez Sid pendant leur séjour à Paris. Cynthia et Martin accueillent les voyageurs au **seuil de la porte**. Cynthia est la femme de Sid. La chambre de Nicolas et de Jenny est au **premier étage**. La chambre de Chanel et de Charlie se trouve **à côté de** la chambre de leurs parents.

Cynthia sert le petit déjeuner. Les enfants boivent du chocolat chaud et mangent des croissants. Les adultes boivent du thé et mangent du pain au fromage. Les enfants sont **rassasiés**. Et ils sont **fatigués**. Charlie s'endort sur le **canapé** dans le **séjour**. Jenny le prend dans ses bras. Elle l'emmène dans sa chambre. Elle le pose sur le lit. Jenny enlève les chaussures de son fils. Elle le **couvre** d'un **drap**. Chanel bâille. Elle aussi, a envie de dormir. Elle monte dans sa chambre et dort près de son frère.

Leur père fait la sieste dans la **chambre attenante. Jenny prend un bain** dans la **baignoire. Cynthia fait la vaisselle. Sid va au travail. Martin joue aux jeux vidéo.**

Jenny finit son bain et s'habille confortablement. Puis, elle accompagne Cynthia pour **faire les courses**. Les deux femmes se racontent leur vie de mère de famille. Une heure et demie plus tard, **elles rentrent à la maison**. **Elles préparent le repas.**

Chanel et Charlie se réveillent. Charlie joue aux jeux vidéo avec son cousin Martin. Chanel veut aussi jouer avec eux. Mais Charlie refuse de la laisser jouer. Chanel insiste, mais les deux garçons l'ignorent. Chanel est **attristée.**

Elle sort et **se promène** dans la grande **cour** de la maison. Elle voit la **piscine** de la maison. Elle demande à sa mère si elle peut **nager**. Mais Jenny est encore **occupée**. Chanel ne peut pas nager seule **sans surveillance.**

Chanel va dans le séjour. Elle regarde la télévision. **La petite fille soupire**. **Elle s'ennuie et se rendort** sur le canapé.

Pendant une semaine, **Nicolas et sa famille font du tourisme** dans la ville de Paris.

Nicolas et sa famille achètent des **billets de train** pour la ville de Marseille. **Malheureusement**, ils sont en retard. **Ils ratent le train**. Ils prennent le train suivant. Quatre heures plus tard, ils arrivent à Marseille. Ils louent une **chambre familiale** dans un hôtel. Les enfants ont faim. Nicolas commande à manger.

Le lendemain, Nicolas et sa famille rendent visite à une amie de Jenny. Elle s'appelle Bea. Le mari de Bea s'appelle Claude. Claude est absent. Il est en voyage depuis une semaine. Claude et Bea ont deux enfants : une fille et un garçon. Marine et Steven ont à peu près le même âge que Chanel et Charlie. Bea, Jenny et les enfants mettent leur **maillot de bain**. Ils vont à la plage.

Marine et Steven construisent un château de sable. Chanel observe Marine et Steven. **Ils se taquinent** et s'amusent beaucoup. Chanel et son frère ne jouent jamais ensemble. Leur relation est tellement différente de celle entre Marine et Steven. Marine et Steven sont proches. Chanel et Charlie ne le sont pas. Steven s'approche de Chanel et lui dit :

- Chanel, veux-tu jouer avec ma sœur et moi ?
- Vous voulez que je joue avec vous ?
- **Tu restes assise à ne rien faire.**
- Je vous regarde.
- Tu es une enfant et tu es en vacances. Tu es censée t'amuser. Nos mamans sont vieilles. Elles, elles restent assises à ne rien faire parce qu'elles sont fatiguées. Elles préfèrent bavarder. Viens te divertir avec nous.
- D'accord !

Chanel est heureuse de trouver de nouveaux amis avec qui jouer.

Vocabulaire

C'est l'été	È estate
Période des vacances	Stagione delle vacanze
Préparer un voyage (Nicolas prépare un voyage)	Pianificare un viaggio (Nicholas pianifica un viaggio)
Agence de voyage	Agenzia di viaggi
Agent de voyage	Agente turistico
Acheter des billets d'avion	Acquistare biglietti aerei
Vendredi prochain	Venerdì prossimo
Rentrer à la maison (il rentre à la maison)	Andare a casa (va a casa)
Vol	Volo
Elle lui donne un baiser sur la joue	Gli dà un bacio sulla guancia
Bagages	Bagagli
Bagage à main	Valigetta
Neveu par alliance	Nipote acquisito
Charger les bagages (Nicolas, Jenny et Evan chargent les bagages)	Caricare i bagagli (Nicolas, Jenny ed Evan caricano i bagagli)
Voiture	Auto
Chauffeur	Autista
Chariot à bagages	Trolley
Comptoir d'enregistrement	Banco del check in
Enregistrement	Check In
Valises	Valigie
Peser	Pesare
Soute	Stiva
Chacun	Tutti
Carte d'embarquement	Carta d'imbarco
Porte d'embarquement	Gate di imbarco
Douane	Dogana
Embarquer (les passagers embarquent)	Imbarcarsi (i passeggeri si imbarcano)

Agent(s) de bord	Assistenti di volo
Une hôtesse de l'air sourit	Una hostess sorride
Siège	Posti
Ceinture de sécurité	Cintura di sicurezza
Décoller	Decollare
Attérir	Atterrare
Carroussel à bagages	Ritiro bagagli
logent	Rimangono
Seuil de la porte	Porta di casa
Premier étage	Primo piano
À côté de	Vicino
Cynthia sert le petit déjeuner	Cynthia serve la colazione
Les enfants boivent du chocolat chaud	I bambini bevono della cioccolata calda
Rassasié(s)	Sazi
Fatigué(s)	Stanchi
Canapé	Divano
Salle de séjour	Soggiorno
Couverture	Coprire
Drap	Lenzuolo
Bâiller	Sbadiglio
Leur père fait la sieste	Il loro padre fa un pisolino
Chambre attenante	Stanza accanto
Jenny prend un bain	Jenny fa il bagno
Baignoire	Vasca da bagno
Cynthia fait la vaisselle	Cynthia lava i piatti
Sid va au travail	Sid va al lavoro
Martin joue aux jeux vidéo	Martin gioca ai videogame
Faire les courses	Fare la spesa
Ils/Elles reviennent à la maison	Tornano a casa
Ils/Elles préparent le repas	Preparano il pranzo
Attristée	Triste

Se promener	Passeggia
Cour	Cortile
Piscine	Piscina
Nager	Nuotare
Occupée	Occupata
Sans surveillance	Supervisione
La petite fille soupire	La bambina sospira
Elle s'ennuie et se rendort	È annoiata e si addormenta di nuovo
Faire du tourisme (Nicolas et sa famille font du tourisme)	Andare a visitare (Nicholas e la sua famiglia vanno a visitare la città)
Billets de train	Biglietti del treno
Malheureusement	Sfortunatamente
Ils ratent le train	Perdono il treno
Chambre familiale	Stanza familiare
Maillot de bain	Costume da bagno
Marine et Steven construisent un château de sable	Marine e Steven costruiscono un castello di sabbia
Se taquiner (ils se taquinent)	Prendersi in giro a vicenda (si prendono in giro a vicenda)
Tu restes assise à ne rien faire	Stai lì senza fare nulla

Storia 5: Viaggi, turismo e vacanze

È estate. È la **stagione delle vacanze**. **Nicolas pianifica un viaggio** con la sua famiglia. Va all'**agenzia di viaggi**. Un **agente turistico** lo accoglie:

- Salve signore. Cosa posso fare per lei?
- Salve, vorrei **acquistare dei biglietti aerei** per Parigi, gentilmente.
- Quando parte?
- **Venerdì prossimo**.
- Quanti biglietti desidera acquistare?
- Ho bisogno di quattro biglietti aerei, per due adulti e due bambini.

Nicolas riceve i biglietti e **va a casa**. Invia un'e-mail a Sid per confermare il suo **volo**. Sid è il fratello di Nicolas. Sid vive in Francia. I figli di Nicolas - Chanel e Charlie - sono felici. È la prima volta che vanno in Francia. Jenny - La moglie di Nicolas – lo ringrazia. **Gli dà un bacio sulla guancia**.

Giovedi, Jenny prepara i **bagagli**. Nicolas controlla i passaporti di tutti. Mette il suo e quelli dei bambini nella sua **valigetta**.

Venerdì mattina, Jenny compra un piccolo regalo per Martin. Martin è suo **nipote acquisito**. È il figlio di Sid.

Alle diciannove, **Nicolas, Jenny ed Evan** - il loro **autista** - **caricano i bagagli** nell'**auto**. Alle diciannove e trenta, tutti entrano in macchina. Partono per l'aeroporto. Alle otto, arrivano al parcheggio. Nicolas mette i bagagli in un **carrello.**

Nicolas, Jenny e i bambini vanno al **banco del check-in.** Passaporti e biglietti vengono verificati. Le **valigie** vengono **pesate**. Quindi il bagaglio viene inviato nella **stiva** dell'aereo. **Tutti** prendono la loro **carta d'imbarco**. Nicolas e la sua famiglia si dirigono verso il loro **gate di imbarco**. Passano la **dogana**.

Aspettano l'imbarco nella sala d'attesa. Alle ventidue e trenta, **i passeggeri si imbarcano**. Sull'aereo, gli **assistenti di volo** salutano i passeggeri. Una **hostess sorride** a Chanel e Charlie. Tutti si siedono ai loro **posti**. I passeggeri fissano la **cintura di sicurezza**. L'aereo **decolla**.

L'aereo arriva verso le sette del mattino. L'aereo **atterra**. Nicolas e la sua famiglia lasciano il volo. Gli assistenti li accolgono in Francia. Nicolas e la sua famiglia prendono le valigie dalla zona di **ritiro bagagli**. Sid va a prenderli con la famiglia all'aeroporto. È felice di rivederli. Chanel e Charlie non ricordano lo zio Sid. Nicolas presenta suo fratello ai suoi figli.

Le valigie vengono caricate nella macchina di Sid. Dopo mezz'ora di auto, arrivano a casa di Sid. La casa di Sid è bella e grande. Nicolas e la sua famiglia rimangono a Parigi per una settimana. **Soggiornano** da Sid durante il loro viaggio a Parigi. Cynthia e Martin salutano i viaggiatori **alla porta di casa**. Cynthia è la moglie di Sid. La stanza di Nicholas e Jenny è al **primo piano**. La stanza di Chanel e Charlie è **vicino** alla stanza dei genitori.

Cynthia serve la colazione. I bambini bevono della cioccolata calda e mangiano dei croissant. Gli adulti bevono del tè e mangiano pane al formaggio. I bambini sono **sazi**. E anche **stanchi**. Charlie si addormenta sul **divano** in **soggiorno**. Jenny lo prende tra le sue braccia. Lo porta nella sua stanza. Lo lascia sul letto. Jenny toglie le scarpe a suo figlio. **Lo copre** con un **lenzuolo**. Chanel fa uno **sbadiglio**. Vuole dormire anche lei. Va nella sua stanza e dorme vicino a suo fratello.

Il loro padre fa un pisolino nella **stanza accanto. Jenny fa il bagno** nella **vasca da bagno. Cynthia lava i piatti. Sid va al lavoro. Martin gioca ai videogame.**

Jenny finisce di fare il bagno e si veste comodamente. Quindi accompagna Cynthia a **fare la spesa**. Le due donne si raccontano la loro vita da madri. Un'ora e mezza dopo, **tornano a casa**. **Preparano il pranzo**.

Chanel e Charlie si svegliano. Charlie gioca ai videogame con suo cugino Martin. Chanel vuole anche lei giocare con loro. Ma Charlie non vuole. Chanel insiste ma i due ragazzi dicono di no. Chanel è **triste**.

Lei esce e **passeggia** nel grande **cortile** della casa. Vede la **piscina** della casa. Chiede a sua madre se può **nuotare**. Ma Jenny è ancora **occupata**. Chanel non sa nuotare da sola senza nessuna **supervisione**.

Chanel va in soggiorno. Guarda la televisione. **La bambina sospira. È annoiata e si addormenta di nuovo.**

Per una settimana, **Nicolas e la sua famiglia vanno a visitare** la città di Parigi.

Nicolas e la sua famiglia comprano i **biglietti del treno** per la città di Marsiglia. **Sfortunatamente,** sono in ritardo. **Perdono il treno.** Prendono quello successivo. Quattro ore dopo, arrivano a Marsiglia. Affittano una **stanza familiare** in un hotel. I bambini hanno fame. Nicolas ordina da mangiare.

Il giorno dopo, Nicolas e la sua famiglia visitano un'amica di Jenny. Il suo nome è Bea. Il marito di Bea si chiama Claude. Claude è assente. Ha viaggiato per una settimana. Claude e Bea hanno due figli: un maschietto e una femminuccia. Marine e Steven hanno circa la stessa età di Chanel e Charlie. Bea, Jenny e i ragazzi indossano il loro **costume da bagno**. Stanno andando al mare.

Marine e Steven costruiscono un castello di sabbia. Chanel osserva Marine e Steven. **Si prendono in giro a vicenda** e si divertono molto. Chanel e suo fratello non giocano mai insieme. La loro relazione è così diversa da quella tra Marine e Steven. Marine e Steven sono intimi. Chanel e Charlie non lo sono quanto loro. Steven si avvicina a Chanel e gli parla:

- Chanel, vuoi giocare con me e mia sorella?
- Vuoi che io giochi con te?
- **Stai lì senza fare nulla.**
- Vi sto guardando.
- Sei una bambina e sei in vacanza. Dovresti divertirti. Le nostre mamme sono grandi. Stanno sedute lì a fare niente, perché sono stanche. Preferiscono chiaccherare. Vieni e divertiti con noi.
- Va bene!

Chanel è felice di trovare nuovi amici con cui giocare.

Histoire 6: Les métiers

Julia travaille comme **femme de chambre** dans une maison. Tous les matins, du lundi au samedi, elle commence son travail à sept heures trente. Elle prépare le petit déjeuner de la famille. Elle met de l'eau dans une **casserole**. Elle allume le **réchaud à gaz** pour **faire chauffer** l'eau. Elle achète du pain et des brioches. À son retour, **l'eau bout**. Julia fait du thé. Puis, elle met le thé dans un thermos. Elle chauffe du **lait**.

Julia dresse la table. Elle met sur la table les pains, le beurre, le **sucre**, un pot de **confiture**, les brioches, le thé, le lait et un **panier de fruits**. **Le panier de fruits contient** des bananes, des **raisins** et des **pommes**. Elle place les **sous-tasses** sur la table. Elle met les **tasses** sur les sous-tasses. Elle place les **serviettes de table** près des tasses. Ensuite, elle met les petites **cuillères**, les **fourchettes** et les **couteaux** sur les serviettes de table. Le petit déjeuner est servi.

La famille prend le petit déjeuner. Les adultes vont travailler, les enfants vont à l'école, et les jeunes vont étudier. **Julia débarrasse la table** et fait la vaisselle.

Julia fait les courses. Elle achète des concombres, des tomates, du vinaigre, une **gousse d'ail**, du maïs, de l'**huile**, de la **charcuterie**, du fromage, du citron, des pâtes et du **sel**. Julia coupe le fromage, les charcuteries, et les **légumes** en petits cubes. Elle **hache la gousse d'ail**. Elle cuit les pâtes. Elle prépare une sauce vinaigrette. **Julia mélange** le tout dans un **saladier**. Elle met la salade de pâtes dans le **réfrigérateur**. Julia fait du **jus de citron**. Elle met le jus dans le réfrigérateur.

Elle nettoie le **plancher** des **pièces** de la maison avec un **balai**. Puis, **elle passe l'aspirateur. Elle dépoussière** les **meubles. Elle fait le lit** dans la chambre d'enfant. Elle lave le **lavabo**, la baignoire et le miroir de la douche. Elle lave les toilettes. Elle lave les **carreaux** de la **véranda. Elle arrose les plantes** et lave les **vitres des fenêtres** de la maison. Ensuite, Julia se lave les mains.

À onze heures trente, **Julia met la table.** Les enfants arrivent à la maison vers midi. Ils mangent la salade de pâtes préparée par Julia. Puis, ils retournent à l'école. Julia débarrasse la table et fait la vaisselle.

L'après-midi, **Julia lave le linge** sale avec la **machine à laver.** Ensuite, **elle étend le linge. Elle repasse** les vêtements **secs.** Julia rentre chez elle vers seize heures.

Julia est **veuve** depuis des années. Elle n'est pas mariée et n'a pas d'enfants. Mais elle a une nièce. Elle s'appelle Cathy. Cathy habite avec Julia. Cathy est orpheline depuis son adolescence. Elle est charmante, intelligente et gentille. Elle aime Julia comme une mère. Les deux femmes sont très proches.

Cathy travaille comme **secrétaire de direction**. Du lundi au vendredi, elle se réveille à six heures trente. Elle se prépare et arrive au travail à sept heures cinquante. Son patron - George - arrive toujours au **bureau** vers neuf heures trente du matin. George est le **directeur** de la société. À son arrivée au bureau, Cathy lui prépare du café. Parfois, George mange un muffin avec son café.

Puis, Cathy lui rappelle les tâches à faire pendant la journée. Cathy planifie les tâches. Elle organise les réunions. **Elle prend des notes** pendant les **réunions** de George avec les collègues ou partenaires de la société. Ensuite, **elle rédige** le **compte-rendu** des réunions. Quand George part en **voyage d'affaires, il enregistre** les réunions avec son smartphone. George envoie les fichiers audio par **courrier électronique**. Cathy les reçoit. Puis, elle fait la transcription des **fichiers**. Elle écoute les réunions et rédige les rapports.

Cathy répond aux **appels téléphoniques**. Elle enregistre le nom et les messages des personnes qui appellent. Cathy contacte aussi les clients.

Cathy est responsable de toutes les tâches administratives. George est content des services de Cathy. Elle est responsable, sérieuse, habile et a une grande **capacité d'écoute**. Elle obtient fréquemment une **prime** pour la qualité de son travail. Après deux ans de service **au sein de** la société, Cathy obtient une **augmentation de salaire**.

Pour fêter son augmentation, Cathy invite sa tante Julia à dîner au restaurant. Cathy lui achète aussi de nouveaux **escarpins** et une belle **robe de soirée**. Julia la remercie de sa générosité. La semaine suivante, Julia prépare le plat préféré de Cathy pour la remercier. Julia lui souhaite beaucoup de succès dans sa carrière.

Le frère de George s'appelle Gerard. Gerard est médecin. Tous les matins, il se réveille **de bonne heure**. Il se prépare et part travailler. Gerard a son propre **cabinet médical. Il ausculte** les patients. Il écrit des **ordonnances**. Les patients paient les **frais** de consultation médicale.

Les patients achètent les médicaments à la **pharmacie**.

Lilly est **infirmière**. Elle assiste le docteur Gerard.

Vocabulaire

Métier(s)	Mestiere(i)
Femme de chambre	Colf
Casserole	Casseruola
Réchaud à gaz	Fornello a gas
Faire chauffer	Riscaldare
L'eau bout	L'acqua sta bollendo
Lait	Latte
Julia dresse la table	Julia prepara la tavola
Sucre	Zucchero
Confiture	Marmellata
Contenir (le panier de fruits contient…)	Contenere (il cesto di frutta contiene …)
Raisins	Uva
Pomme(s)	Mela(e)
Sous-tasse(s)	Piattino(i)
Tasses	Tazza(e)
Serviette(s) de table	Tovagliolo(i)
Cuillères	Cucchiai
Fourchettes	Forchette
Couteaux/couteau	Coltelli/coltello
Julia débarasse la table	Julia sparecchia la tavola
Gousse d'ail	Spicchio d'aglio
Huile	Olio
Viande	Carne
Charcuterie	Salumi
Sel	Sale
Légume(s)	Verdure
Elle hache la gousse d'ail	Lei taglia l'aglio a pezzi
Mélanger (Julia mélange…)	Mescolare (Julia mescola …)
Saladier	Insalatiera
Réfrigérateur	Frigorifero
Jus de citron	Succo di limone
Nettoyer (elle nettoie)	Pulire (pulisce)

Plancher	Pavimento
Pièce(s)	Camera(e)
Balai	Scopa
Elle passe l'aspirateur	Passa l'aspirapolvere in casa
Dépoussiérer (elle dépoussière…)	Spolverare (lei spolvera ...)
Meubles	Mobili
Elle fait le lit	Lei fa il letto
Lavabo	Lavabo
Carreau(x)	Piastrella(e)
Veranda	Veranda
Elle arrose les plantes	Innaffia i fiori
Vitres de fenêtres	Pannelli di vetro
Julia met la table	Julia apparecchia la tavola
Laver le linge (Julia lave le linge)	Fare il bucato (lei fa il bucato)
Machine à laver	Lavatrice
Elle étend le linge	Lei stende il bucato
Elle repasse	Stira
Sec(s)	Asciutto
Veuve	Vedova
Secrétaire de direction	Assistente esecutivo segretario esecutivo
Bureau	Ufficio
Directeur	Manager
Elle prend des notes	Prende appunti
Réunion(s)	Meeting
Elle rédige	Lei scrive
Compte-rendu	Verbale
Voyage d'affaires	Viaggio di lavoro
Il enregistre	Lui registra
Courrier électronique	E-mail
Fichier(s)	File

Appel(s) téléphonique(s)	Telefonate (Chiamate Telefoniche)
Capacité d'écoute	Capacità di ascolto
Prime	Bonus
Au sein de	Con
Augmentation de salaire	Aumento di stipendio
Escarpins	Scarpe col tacco
Robe de soirée	Abito da sera
De bonne heure	Presto
Cabinet médical	Studio medico
Ausculter (il ausculte...)	Esaminare (egli esamina ...)
Ordonnance	Ricetta
Frais	Tassa
Pharmacie	Farmacia
Infirmière	Infermiera

Storia 6: I mestieri

Julia lavora come **colf** in una casa. Ogni mattina, dal lunedì al sabato, inizia a lavorare alle sette e trenta. Prepara la colazione di famiglia. Mette l'acqua in una **casseruola**. Accende il **fornello a gas per riscaldare** l'acqua. Compra pane e focacce. Al suo ritorno, **l'acqua sta bollendo**. Julia prepara il tè. Quindi lo mette in un thermos. Poi scalda il **latte**.

Julia prepara la tavola. Mette le gallette, il burro, lo **zucchero**, un barattolo di **marmellata**, i panini, il tè, il latte e un **cesto di frutta** sul tavolo. **Il cesto di frutta contiene** banane, **uva** e **mele**. Colloca i **piattini** sul tavolo. Mette le **tazze** sui piattini. Posiziona i **tovaglioli** vicino alle tazze. Quindi **cucchiai**, **forchette**, e **coltelli** su di essi. La colazione è servita.

La famiglia fa colazione. Gli adulti vanno a lavoro, i bambini a scuola e i giovani a studiare. **Julia sparecchia la tavola** e lava i piatti.

Julia fa la spesa. Compra cetrioli, pomodori, aceto, **aglio**, mais, **olio**, **salumi**, formaggio, limone, pasta e **sale**. Julia taglia il formaggio, i salumi e le **verdure** in piccoli cubetti. **Taglia lo spicchio d'aglio**. Cuoce la pasta. Poi prepara una salsa vinaigrette. **Julia mescola** tutto in una **insalatiera**. Mette quindi l'insalata di pasta nel **frigorifero**. Julia poi prepara un **succo di limone**. Lo mette nel frigorifero.

Pulisce il **pavimento** delle **camere** in casa con una **scopa**. Poi **passa l'aspirapolvere**. **Spolvera i mobili**. **Fa il letto** nella stanza del bambino. Pulisce il **lavello**, la vasca da bagno e lo specchio doccia. Lavando il bagno. Lava le **piastrelle** della **veranda**. **Innaffia i fiori** e lava i **pannelli di vetro** della casa. Poi si lava le mani.

Alle undici e mezza **Julia apparecchia la tavola.** I bambini arrivano a casa verso mezzogiorno. Mangiano l'insalata di pasta preparata da Julia. Poi tornano a scuola. Julia sparecchia la tavola e lava i piatti.

Nel pomeriggio, **Julia fa il bucato** con la **lavatrice**. Poi lo **stende**. **Stira** i vestiti **asciutti**. Julia torna a casa alle quattro.

Julia è **vedova** da anni. Non è sposata e non ha figli. Ma ha una nipote di nome Cathy. Vive con Julia. Cathy è orfana da quando era adolescente. È bella, intelligente e gentile. Ama Julia come una madre. Le due donne sono molto vicine.

Cathy lavora come **segretaria esecutiva**. Dal lunedì al venerdì, si sveglia alle sei e mezza. Si prepara e arriva al lavoro alle sette e cinquanta. Il suo capo, George, arriva sempre in **ufficio** verso le nove e mezza del mattino. George è il **manager** della società. Quando arriva in ufficio, Cathy gli prepara il caffè. A volte George accompagna il caffè con un muffin.

Quindi Cathy gli ricorda le cose da fare durante il giorno. Cathy pianifica i compiti. Organizza gli incontri. **Prende appunti** durante i **meeting** di George con colleghi o soci dell'azienda. Poi **scrive** il **verbale** degli incontri. Quando George fa qualche **viaggio di lavoro**, **registra** gli incontri con il suo smartphone. George invia i file audio via **e-mail**. Cathy li riceve. Quindi fa la trascrizione del **file**. Ascolta le riunioni e scrive relazioni.

Cathy risponde alle **chiamate telefoniche**. Registra i nomi e i messaggi delle persone che chiamano. Cathy contatta anche i clienti.

Cathy è responsabile di tutti i compiti amministrativi. George è soddisfatto del suo servizio. È responsabile, seria, competente ed ha una grande **capacità di ascolto**. Spesso riceve dei **bonus** per la qualità del suo lavoro. Dopo due anni di servizio **con** la compagnia, Cathy ottiene un **aumento di stipendio**.

Per celebrare la sua promozione, Cathy invita la zia Julia a cenare al ristorante. Cathy compra anche nuove **scarpe col tacco** e un bell'**abito da sera**. Julia la ringrazia per la sua generosità. La settimana seguente, Julia prepara il piatto preferito di Cathy per ringraziarla. Julia le augura ogni successo nella sua carriera.

Il nome del fratello di George è Gerard. È un dottore. Ogni mattina, si sveglia **presto**. Si prepara e si mette al lavoro. Gerard ha il suo **studio medico**. **Lui esamina** i pazienti. Lui scrive le **ricette**. I pazienti pagano una **tassa** per la visita medica.

I pazienti comprano i farmaci in **farmacia**.

Lilly è un'**infermiera**. Aiuta il dott. Gerard.

Histoire 7: Mariage

Adam et Barbara sont ensemble depuis six ans. Le jour de l'anniversaire de Barbara, Adam l'invite à dîner chez lui. À la **fin** du dîner, **Adam lui demande sa main**. **Barbara et Adam se fiancent.** **Barbara annonce la grande nouvelle** à sa famille.

Adam et Barbara préparent leur **mariage**. **Ils fixent une date** pour la cérémonie du **mariage** : ils choisissent le jour de l'anniversaire de leur **première rencontre**. Adam et Barbara calculent le budget du mariage. **Ils veulent que tout soit parfait pour leur grand jour.**

Adam et Barbara dressent la liste des préparatifs pour le mariage :

- La **robe de mariée**
- La **coiffure** et les accessoires de la mariée : le **voile**, les chaussures, le maquillage et les **bijoux**
- Le **costume** du marié
- Les **alliances**
- L'**organisateur de mariage**
- Les **témoins** de la mariée et les témoins du marié
- Les robes des **demoiselles d'honneur**
- Les costumes des **garçons d'honneur**
- La **liste des invités**
- Les **cartons d'invitation**
- Le transport
- Le **bouquet de la mariée** et les **fleurs**
- La **cérémonie du mariage**
- La décoration de la chapelle
- Le **repas de mariage**
- Les **boissons**
- Le **gâteau de mariage**
- La **figurine des mariés**
- La **salle de réception**
- La décoration de la salle
- Le **plan de table**

- L'orchestre et le disc-jockey pour l'animation
- La chanson d'ouverture
- La danse d'ouverture
- Le photographe et le cameraman

Adam et Barbara commencent les **préparatifs avant le mariage**. Barbara engage Suzie comme organisatrice de mariage.

Une couturière confectionne la robe de mariée de Barbara. La couturière s'appelle Brooke. Barbara lui montre le modèle de robe souhaitée.

Adam demande à son cousin Richard d'être son témoin. Les garçons d'honneur sont le petit frère et le petit cousin d'Adam. Les demoiselles d'honneur sont les deux petites sœurs de Barbara. Adeline - la tante de Barbara - est son témoin de mariage.

Barbara rédige le texte d'invitation au mariage :

« Adam et Barbara sont heureux de vous inviter à leur cérémonie de mariage, le samedi 21 février 2009, à 11 heures à la chapelle Saint-Jean. Nous avons le plaisir de vous convier au déjeuner à l'Espace des Colombes après la cérémonie.

Merci de confirmer votre présence avant le 15 février. »

Barbara donne le texte à Suzie. Suzie fait **imprimer** les **faire-part** de mariage. Suzie écrit les noms des invités sur les cartons d'invitation. Barbara envoie les invitations aux **convives**.

Adam et Barbara prennent des cours de danse pour leur mariage.

Le jour de son mariage, Barbara se réveille à six heures du matin. **Elle prend un bon bain.** La **maquilleuse** et la **coiffeuse** arrivent chez elle.

Barbara sort de son bain et se sèche. Elle se prépare. Elle met sa robe blanche. La maquilleuse commence à la maquiller. La coiffeuse arrange ses cheveux. Barbara met son collier et ses **boucles d'oreilles**. À neuf heures, Barbara est prête. Le photographe prend des photos de la belle mariée. La voiture de la mariée passe prendre Barbara à neuf heures trente. Elle arrive à l'**église** à dix heures trente. Les invités remplissent les **bancs** de l'église, **petit à petit**.

À dix heures cinquante, Adam est **debout** devant l'**autel**. À onze heures, l'organiste joue une mélodie. Les garçons et les demoiselles d'honneur font leur entrée. Puis, l'assistance se lève. La mariée fait son entrée. Son père l'accompagne vers l'autel. Barbara rejoint son futur mari devant l'autel. L'assistance reprend place. Le prêtre commence la cérémonie.

Adam et Barbara sont désormais mari et femme. L'organiste joue **la marche nuptiale**. Les nouveaux mariés sortent de l'église. Les invités les félicitent.

Les jeunes mariés et les invités arrivent à l'Espace des Colombes vers douze heures trente. Les invités regardent le plan de table et prennent place. Adam et Barbara dansent sur la chanson d'ouverture de leur mariage. La chanson d'ouverture est jouée une deuxième fois. Les invités dansent avec les mariés.

Vers seize heures, les mariés coupent le gâteau. On ouvre une **bouteille de champagne**. Les invités applaudissent. Adam et Barbara prennent des photos avec les groupes d'invités.

Vers dix-sept heures trente, **la mariée lance le bouquet**. Une tante d'Adam attrape le bouquet. Les invités donnent les cadeaux de mariage aux jeunes mariés. La fête se termine vers dix-neuf heures. Les convives souhaitent une bonne et heureuse vie maritale à Barbara et à Adam. Les jeunes mariés passent leur **nuit de noces** dans une chambre d'hôtel. Ils commencent une nouvelle **étape** de leur vie.

Le lendemain, ils partent en **lune de miel**. Ils prennent l'avion pour l'**île Maurice**. Ils louent la **suite nuptiale** d'un **hôtel de luxe**.

Barbara se **prélasse** sur la **plage**. Elle s'endort. **Adam se baigne dans la mer**.

Les jeunes mariés rencontrent un autre couple : Michel et Jessica. Michel et Jessica sont eux aussi en lune de miel. Jessica est une ancienne camarade de classe de Barbara. Les deux couples logent dans le même hôtel. **Michel et Adam font connaissance**. Jessica et Barbara se racontent des souvenirs du collège.

Le soir, les deux couples dînent ensemble. **Ils passent une bonne soirée**.

Vocabulaire

Adam et Barbara sont ensemble depuis six ans	Adam e Barbara sono stati insieme per sei anni
Fin	Fine
Adam lui demande sa main	Adam le chiede la mano
Barbara et Adam se fiancent	Barbara e Adam si fidanzano
Annoncer la nouvelle (Barbara annonce la nouvelle)	Dare la notizia (Barbara dà la notizia)
Mariage	Matrimonio
Ils fixent une date	Fissano una data
Première rencontre	Primo incontro
Ils veulent que tout soit parfait pour leur grand jour	Vogliono che tutto sia perfetto nel loro grande giorno
Robe de mariée	Vestito da sposa
Coiffure	Acconciatura
Voile	Velo
Bijoux	Gioielli
Costume	Completo da uomo
Alliances	Fedi nuziali
Organisateur de mariage	Wedding planner
Témoins de mariage	Testimoni di matrimonio
Demoiselles d'honneur	Danigelle
Garçon d'honneur/garçons d'honneur	Testimoni/Compari
La liste des invités	La lista degli invitati
Carton(s) d'invitation	Inviti
Bouquet de la mariée	Il bouquet della sposa
Fleurs	Fiori
Cérémonie de mariage	La cerimonia matrimoniale
Repas de mariage	Prima colazione
Boissons	Bevande
Gâteau de mariage	Torta nuziale
Figurine des mariés	Pupazzetti della coppia

Salle de réception	Sala ricevimenti
Plan de table	Piantina dei posti a sedere
Préparatifs avant le mariage	Preparativi prima del matrimonio
Une couturière confectionne la robe de mariée	Una sarta confeziona il vestito da sposa
Imprimer	Stampa
Faire-part	Annuncio di matrimonio
Convives	Ospiti
Elle prend un bon bain	Lei fa un bel bagno
Maquilleuse	Truccatore
Coiffeuse	Parrucchiere
Boucles d'oreilles	Orecchini
Église	Chiesa
Banc(s)	Banco/Banchi
Petit à petit	Poco a poco
Debout	In piedi
Autel	Altare
La marche nuptiale	La marcia nuziale
Les jeunes mariés	Gli sposi
Une bouteille de champagne	Bottiglia di champagne
La mariée lance le bouquet	La sposa lancia il bouquet
Nuit de noces	Prima notte di nozze
Étape	Fase
Lune de miel	Luna di miele
île Maurice	Isole Mauritius
Suite nuptiale	Suite nuziale
Hôtel de luxe	Hotel di lusso
Bronzer	Abbronzata
Plage	Spiaggia
Adam se baigne dans la mer	Adam nuota nel mare
Michel et Adam font connaissance	Michael e Adam si conoscono
Ils passent une bonne soirée	Si divertono

Storia 7: Nozze

Adam e Barbara sono stati insieme per sei anni. Al compleanno di Barbara, Adam la invita a cena a casa sua. Alla **fine** della cena, **Adam le chiede la mano. Barbara e Adam si fidanzano. Barbara dà la notizia** alla sua famiglia.

Adam e Barbara stanno preparando le loro **nozze. Fissano una data** per la cerimonia di **matrimonio**: scelgono il giorno dell'anniversario del loro **primo incontro**. Adam e Barbara calcolano il budget del matrimonio. **Vogliono che tutto sia perfetto nel loro grande giorno.**

Adam e Barbara elencano i preparativi per il matrimonio:

- Il **vestito da sposa**
- l'**acconciatura** e gli accessori della sposa: **velo**, scarpe, trucco e **gioielli**
- Il **completo da uomo** dello sposo
- Le **fedi nuziali**
- Il wedding planner
- **Testimoni di nozze** della sposa e dello sposo
- Gli abiti delle **damigelle**
- I costumi dei **testimoni**
- La **lista degli invitati**
- Gli **inviti**
- I trasporti
- Il **bouquet della sposa** e i **fiori**
- La **cerimonia matrimoniale**
- La decorazione della cappella
- La **prima colazione**
- Le **bevande**
- La **torta nuziale**
- I **pupazzetti della coppia**
- La **sala ricevimenti**
- La decorazione della stanza
- La **Piantina dei posti a sedere**
- L'orchestra e il disc jockey per l'animazione
- La canzone di apertura
- Il ballo di apertura
- Il fotografo e il cameraman

Adam e Barbara iniziano i **preparativi prima del matrimonio**. Barbara assume Suzie come wedding planner.

Una sarta confeziona il vestito da sposa per Barbara. La sarta è Brooke. Barbara le mostra il modello del vestito.

Adam chiede a suo cugino Richard di essere il suo testimone. I testimoni dello sposo sono il fratellino di Adam e il cuginetto. Le damigelle d'onore sono le due sorelline di Barbara. Adeline, la zia di Barbara, è la sua testimone di matrimonio.

Barbara scrive il testo dell'invito per il matrimonio:

"Adam e Barbara sono lieti di invitarvi alla loro cerimonia di nozze, sabato 21 febbraio 2009 alle 11, nella cappella di Saint John.   Saremo lieti di avervi a pranzo presso l'Espace des Colombes dopo la cerimonia.

Vi chiediamo gentilmente di confermare la vostra presenza entro il 15 febbraio."

Barbara dà il testo a Suzie. Suzie **stampa l'annuncio di matrimonio**. Suzie scrive i nomi degli ospiti sui biglietti d'invito. Barbara invia gli inviti agli **ospiti**.

Adam e Barbara prendono lezioni di danza per il loro matrimonio.

Il giorno delle sue nozze, Barbara si sveglia alle sei del mattino. **Fa un bel bagno**. Il **truccatore** e il **parrucchiere** arrivano a casa sua.

Barbara esce dal bagno e si asciuga. Si prepara. Si mette il vestito bianco. La truccatrice comincia ad applicarle il make-up. Il parrucchiere le sistema i capelli. Barbara indossa collana e **orecchini**. Alle nove in punto è pronta. Il fotografo fotografa la bellissima sposa. La carrozza passa a prendere Barbara alle nove e trenta. Arriva in **Chiesa** alle dieci e trenta. Gli ospiti riempiono le **panchine** della chiesa **poco a poco**.

Alle dieci e cinquanta, Adam è **in piedi** di fronte all'**altare**. Alle undici l'organista suona una melodia. I testimoni dello sposo e le damigelle fanno il loro ingresso. Quindi il pubblico si alza. La sposa sta entrando. Suo padre la accompagna all'altare. Barbara si unisce al suo futuro marito di fronte all'altare. Il pubblico si siede. Il sacerdote inizia la cerimonia.

Adam e Barbara sono ora marito e moglie. L'organista suona **la marcia nuziale**. Gli sposi lasciano la chiesa. Gli ospiti si congratulano con loro.

Gli sposi e gli ospiti arrivano all'Espace des Colombes verso le dodici e mezzo. Gli ospiti guardano la mappa dei posti a sedere e si siedono. Adam e Barbara ballano sulla canzone di apertura del loro matrimonio. La canzone di apertura viene riprodotta una seconda volta. Gli ospiti ballano con gli sposi.

Verso le quattro, la sposa e lo sposo tagliano la torta. Aprono una **bottiglia di champagne**. Gli ospiti applaudono. Adam e Barbara si fanno scattare le foto coi gruppi di ospiti.

Verso le cinque e mezza, **la sposa lancia il bouquet**. Una zia di Adam lo prende. Gli ospiti danno i regali di nozze agli sposi. La festa finisce verso le diciannove. Gli ospiti augurano una buona e felice vita matrimoniale a Barbara e Adam. Gli sposi passano la **prima notte di nozze** in una camera d'albergo. Inizia una nuova **fase** della loro vita.

Il giorno dopo, partono per la **luna di miele**. Precisamente per le **Isole Mauritius**. Affittano la **suite nuziale** in un **hotel di lusso**.

Barbara è **abbronzata** sulla **spiaggia**. Si addormenta. **Adam nuota nel mare**.

Gli sposi incontrano un'altra coppia: Michel e Jessica. Sono anche loro in luna di miele. Jessica è una vecchia compagna di classe di Barbara. Entrambe le coppie soggiornano nello stesso hotel. **Michael e Adam si conoscono.** Jessica e Barbara condividono i ricordi del college.

In serata, le due coppie cenano insieme. **Passano una bella serata**.

Histoire 8: Correspondantes

Le professeur de français de Judy lui donne les **coordonnées** d'une jeune fille. Cette jeune fille habite à l'étranger. Elle s'appelle Fabienne. Judy lui envoie une première lettre :

« Marseille, le 14 janvier 2002

Bonjour Fabienne,

Je m'appelle Judy. J'aimerais bien correspondre avec toi. Je suis une jeune fille de dix-huit ans. J'habite en France. Je souhaiterais faire ta connaissance.

Judy Laroche. »

Quelques jours plus tard, Judy reçoit une réponse de Fabienne.

« Tananarive, le 22 janvier 2002

Bonjour Judy,

*J'ai bien reçu ta lettre. **Je suis très contente de faire ta connaissance**. Et je suis ravie d'être ta correspondante. Je te souhaite une bonne et heureuse année. Je me présente, je m'appelle Fabienne et j'ai dix-neuf ans. **Je suis étudiante en première année à la Faculté de Lettres. J'étudie l'anglais à l'université. La prochaine fois**, j'écrirai une lettre plus longue. **Je dois aller en cours**.*

Dans l'attente de te lire,

Fabienne, ta nouvelle amie. »

« Marseille, le 1er février 2002

Bonjour Fabienne,

***Ta lettre me donne le sourire**. Je te remercie. **Tu as l'air d'une fille très sympathique**. Je me présente à mon tour. Comme tu le sais, je m'appelle Judy. Je suis en première au* *lycée. Et j'habite chez mes parents. J'ai un grand frère. Il s'appelle Denis et nous sommes très proches. Denis a terminé le lycée l'année dernière. Je ne sais pas quelle **filière d'études** il va choisir. En ce moment, il suit des **cours de cuisine**. Il est doué. **Denis est un cordon bleu.** Nous aimons cuisiner des plats ensemble. C'est mon frère qui prépare le repas à la maison. Et moi, je l'aide. Et toi, as-tu des frères et sœurs ? Es-tu proche d'eux ?*

Bonne journée,

Judy. »

« Tananarive, le 11 février 2002

Salut Judy !

*Oui, j'ai un petit frère. Il s'appelle Nathan. Il a huit ans et il est à l'école primaire. Il adore le football. **Il est un peu turbulent.** Je ne passe pas beaucoup de temps avec Nathan. **Comme tu le vois, nous avons onze ans d'écart.** Mais **je l'apprécie. Je m'occupe de lui** lorsque nos parents sont absents. Tu aimes beaucoup ton frère. Tu parles beaucoup de lui. J'aime bien ta relation avec ton frère. En plus, il aime cuisiner pour sa famille. Et toi, quelle est ta passion ? **Parle-moi un peu plus de toi.***

Fabienne. »

« Marseille, le 16 février 2002

Salut Fabienne,

*Ma passion ? Je ne sais pas... **Pour l'instant,** mon **but** est de **finir le lycée**. Tu sais, j'ai redoublé une fois au collège, et une fois au lycée. Je ne néglige pas mes études. **Je dois juste** travailler dur pour réussir mes études.*

*Je te dis à bientôt. Il est dix-huit heures chez nous. **Je vais aller me coucher. Je ne me sens pas bien. J'ai la grippe.***

Ma mère m'emmène chez le médecin demain.
Heureusement, *on est vendredi. Je peux me reposer.*

Judy. »

« Tananarive, le 25 février 2002

Bonjour Judy,

      Je te souhaite un bon rétablissement. *On est le 25 février. J'espère que depuis ta dernière lettre, tu es guérie.* *Souhaite-moi bonne chance. Je prépare des examens en ce moment.*

À bientôt,

Fabienne. »

« Paris, le 1er mars 2002

Salut Fabienne,

      Oui, je suis déjà guérie. C'est les vacances. Je t'écris de la ville de Paris. Je rends visite à ma cousine Mélanie. Elle habite à Paris. *Elle loue un appartement.* *Et elle est étudiante en anglais, comme toi. Je rentre à Marseille le 7 mars. J'ai encore beaucoup de devoirs de vacances à terminer pour la rentrée. Bonne chance pour tes examens !*

Judy. »

« Marseille, le 15 avril 2002

Bonjour Fabienne,

      Cela fait un moment que tu n'as pas écrit. J'espère que tu vas bien. Je t'envoie cette lettre pour *demander de tes nouvelles*.

Judy. »

« Tananarive, ce 23 avril 2002

Bonjour Judy,

*Je suis désolée pour ce silence prolongé. Ces derniers temps, **je n'ai pas la tête à** écrire. Un malheureux évènement s'est produit. Le frère aîné de mon père est **décédé**. C'était mon oncle préféré. J'ai été très occupée par les **obsèques**. En même temps, j'ai aussi passé des examens. En tout cas, je te remercie pour ta lettre. **Merci de t'inquiéter pour moi. Cela me fait chaud au cœur**. Tu es vraiment une bonne amie. J'espère que tu vas bien.*

Bises,

Fabienne. »

« Marseille, ce 27 avril 2002

Chère Fabienne,

*Je vous adresse mes sincères condoléances, à toi et à ta famille. **J'ai un contrôle de mathématiques demain**. Je suis en train de réviser. Denis est absent. **Il me manque**. La maison est un peu silencieuse. As-tu réussi tes examens ?*

À bientôt !

Judy. »

« Tananarive, ce 1ᵉʳ mai 2002

Chère Judy,

*C'est la **fête du travail** aujourd'hui. Je profite de ce **jour férié** pour t'écrire. J'ai réussi mes examens. J'ai eu mon diplôme. Mes parents en sont très contents. Quelle est ta date d'anniversaire ? Ma date d'anniversaire est le 6 septembre. **Je joins une photo de moi à cette lettre**.*

À bientôt,

Fabienne. »

« *Marseille, ce 7 mai 2002*

Bonjour Fabienne,

*Tu es **ravissante** sur la photo. J'aime bien ta **jupe** et ton **chemisier**. Excuse-moi. Je ne t'envoie pas ma photo. Je suis un peu **timide**. Et je ne suis pas photogénique. Je t'envoie la photo de mon chien. C'est la première fois que je te parle de lui. C'est un **chien de salon**. Il s'appelle Coton. Il est très **doux**. Tu es née le 6 septembre ? Je note cette date dans mon **agenda**. Je vais acheter un cadeau pour toi le jour de ton anniversaire. Quelle est ta couleur préférée ? Ma couleur préférée est le violet. Ma date d'anniversaire est le 17 novembre.*

Bises,

Judy. »

« *Tananarive, ce 12 mai 2002*

Salut Judy !

***Ce n'est pas grave** si tu n'envoies pas ta photo. Coton est un chien très **mignon**. Mais je suis allergique aux poils de chien et aux **poils de chat**. Ma couleur préférée est le bleu. Je vais aller m'occuper de mon petit frère. **Il s'est blessé**.*

À bientôt !

Fabienne. »

« *Marseille, ce 17 mai 2002*

Bonsoir Fabienne,

*Dis à ton petit frère de **faire attention**. **J'espère qu'il va bien**. As-tu une adresse mail, Fabienne ? C'est plus pratique de communiquer par courrier électronique. C'est plus **rapide**. On perd moins de temps. Voici mon adresse mail : judy.dubois2002@monmail.com.*

À bientôt !

Judy. »

« Tananarive, ce 25 mai 2002

Bonsoir Judy,

*Je viens de créer une adresse e-mail. **Tu as raison**. Les e-mails sont plus pratiques. **D'ailleurs**, je viens de t'envoyer un e-mail. Mon adresse e-mail est dans cet e-mail.*

À bientôt !

Fabienne. »

Vocabulaire

Correspondants/correspondantes	Corrispondenti(M/F)
Coordonnées	Informazioni
Je suis très contente de te rencontrer	Sono davvero felice di conoscerti
Je suis étudiante en première année à la faculté des lettres	Sono una matricola alla facoltà di Arte
J'étudie l'anglais à l'université	Studio l'inglese all'università
La prochaine fois	La prossima volta
Je dois aller en cours	Devo andare a lezione
Ta lettre me donne le sourire	La tua lettera mi fa sorridere
Tu as l'air d'une fille très sympathique	Sembri una brava ragazza
Filière d'études	Campo di studi
Cours de cuisine	Lezioni di cucina
Denis est un cordon bleu	Denis è un buon cuoco
Il est un peu turbulent	È un po 'indisciplinato
Comme tu le vois	Come vedi
Nous avons onze ans d'écart	Abbiamo undici anni di differenza
Je l'apprécie	Mi piace
Je m'occupe de lui	Mi prendo cura di lui
Pour l'instant	Per adesso
But	Obbiettivo
Finir le lycée	Finire la scuola superiore
Je dois juste…	Devo solo …
Je vais aller me coucher	Vado a letto
Je ne me sens pas bien	Non mi sento bene
J'ai la grippe	Ho l'influenza
Ma mère m'emmène chez le médecin demain	Mia madre mi porta dal dottore domani
Heureusement	Per fortuna
Je peux me reposer	Posso riposare
Je te souhaite un bon rétablissement	Spero che tu ti senta meglio presto

Souhaite-moi bonne chance	Augurami buona fortuna
Elle loue un appartement	Sta affittando un appartamento
Demander de tes nouvelles	Chiederti come stai
Décédé	Morto
Obsèques	Funerale
Je n'ai pas la tête à…	Non sono dell'umore giusto per …
Merci de t'inquiéter pour moi	Grazie per esserti preoccupata di me
Cela me fait chaud au cœur	Mi scalda il cuore
J'ai un contrôle de mathématiques demain	Ho un esame di matematica domani
Il me manque	Mi manca
Fête du travail	Festa dei lavoratori
Jour férié	Vacanza
Je joins une photo de moi à cette lettre	Ti sto allegando una mia foto a questa lettera
Ravissante	Bellissima
Jupe	Vestito
Chemisier	Camicetta
Timide	Timida
Chien de salon	Cagnolino
Doux	Dolce
Agenda	Agenda
Ce n'est pas grave	Non importa
Mignon	Carina
Poils de chat	Peli di gatto
Il s'est blessé	Si è fatto male
Fait attention	Stare attento
J'espère qu'il va bien	Spero che stia bene
Rapide	Più veloce
Tu as raison	Hai ragione
D'ailleurs	A proposito

Storia 8: Corrispondenti

L'insegnante di francese di Judy le passa le **informazioni** di una ragazza che vive all'estero. Il suo nome è Fabienne. Judy le manda la prima lettera:

"Marsiglia, 14 gennaio 2002

Ciao Fabienne,

Mi chiamo Judy. Mi piacerebbe avere una corrispondenza con te. Sono una ragazza di diciotto anni. Vivo in Francia. Mi piacerebbe incontrarti.

Judy Laroche."

Pochi giorni dopo, Judy riceve una risposta da Fabienne.

" Antananarivo, 22 gennaio 2002

Ciao Judy,

*Ho ricevuto la tua lettera. **sono davvero felice di conoscerti**. E sono felice di essere tua amica di penna. Ti auguro un felice anno nuovo. Mi presento, mi chiamo Fabienne e ho diciannove anni. **Sono una matricola alla facoltà di Arte**. **Studio inglese all'università**. **La prossima volta** scriverò una lettera più lunga. **Devo andare a lezione**.*

In attesa di leggere la tua risposta,

un caro saluto da Fabienne, la tua nuova amica."

"Marsiglia, 1 febbraio 2002

Ciao Fabienne,

La tua lettera mi fa sorridere**. Ti ringrazio. **Sembri una brava ragazza**. Lascia che mi presenti. Come sai, mi chiamo Judy. Frequento il primo anno delle scuole superiori e vivo con i miei genitori. Ho un fratello maggiore. Si chiama Denis e siamo molto intimi. Denis si è diplomato al liceo l'anno scorso. Non so quale **campo di studi** sceglierà. Al momento, prende **lezioni di cucina**. Ha talento. **Denis è un

buon cuoco. Ci piace cucinare insieme. È mio fratello a preparare i piatti a casa. Io lo aiuto. E tu, hai fratelli e sorelle? Sei molto legata a loro?

Buona giornata,

Judy."

"Antananarivo, 11 febbraio 2002

Ciao Judy!

*Sì, ho un fratellino. Il suo nome è Nathan. Ha otto anni e frequenta la scuola elementare. Ama il calcio. **È un po' indisciplinato.** Non passo molto tempo con Nathan. **Come sai, abbiamo undici anni di differenza.** Ma **mi piace. Mi prendo cura di lui** quando i nostri genitori sono via. Ami molto tuo fratello. Parli molto di lui. Mi piace il tuo rapporto con lui. E poi, gli piace cucinare per la sua famiglia. E tu, quali passioni hai? Dimmi un po' di più su di te.*

Fabienne."

"Marsiglia, 16 febbraio 2002

Ciao Fabienne,

*La mia passione? Non lo so... **Per adesso,** il mio **obbiettivo** è quello di **finire la scuola superiore.** Sai, sono stata bocciata una volta alle medie e una alle superiori. Non trascuro i miei studi. **Devo solo** lavorare duro per portarli a termine con successo.*

*A presto. Sono le diciotto a casa. **Vado a letto, non mi sento bene. Ho l'influenza. Mia madre mi porta dal dottore domani. Per fortuna,** è venerdì. **Posso riposare.***

Judy."

"Antananarivo, 25 febbraio 2002

Ciao Judy,

Spero che tu ti senta meglio presto. È il 25 febbraio. Spero che dalla tua ultima lettera tu sia guarita. **Augurami buona fortuna**. Sto preparando gli esami adesso.

A presto,

Fabienne."

"Parigi,1 marzo 2002

Ciao Fabienne,

Sì, sono già guarita. Ora ci sono le vacanze. Ti sto scrivendo dalla città di Parigi. Sono venuta a trovare mia cugina Melanie. Lei vive a Parigi. **Sta affittando un appartamento.** E lei è una studentessa di inglese, come te. Ritorno a Marsiglia il 7 marzo. Ho ancora un sacco di compiti per le vacanze da finire per l'anno scolastico. In bocca al lupo per i tuoi esami!

Judy."

"Marsiglia, 15 aprile 2002

Ciao Fabienne,

È passato un po' di tempo da quando hai scritto. Spero che tu stia bene. Ti sto mandando questa lettera per **chiederti come stai**.

Judy."

"Antananarivo, 23 aprile 2002

Ciao Judy,

Mi dispiace per questo lungo silenzio. Ultimamente, non ho voglia di scrivere. È accaduta una cosa triste. Il fratello maggiore di mio padre è **morto**. Era il mio zio preferito. Ero molto occupata con il **funerale**. Nel frattempo, ho anche sostenuto gli esami. In ogni caso, ti ringrazio per la *lettera.* **Grazie per esserti preoccupata per me**. **Mi scalda il cuore**. *Sei davvero un'amica. Spero che tu stia bene.*

Un abbraccio,

Fabienne."

"Marsiglia, 27 aprile 2002

Cara Fabienne,

Ti mando le mie più sincere condoglianze, a te e alla tua famiglia. **Ho un compito di matematica domani**. *Sto ripassando. Denis non c'è.* **Mi manca**. *La casa è un po' vuota. Hai passato gli esami?*

A presto!

Judy."

"Antananarivo, 1 maggio 2002

Cara Judy,

Oggi è la **Festa dei lavoratori**. *Mi sono presa questa* **vacanza** *per scriverti. Ho superato gli esami. Ho il mio diploma di laurea. I miei genitori sono molto felici. Quand'è il tuo compleanno? Il mio è il 6 settembre.* **Ti sto allegando una mia foto a questa lettera**.

A presto,

Fabienne."

"Marsiglia, 7 maggio 2002

Ciao Fabienne,

Sei **bellissima** *nell'immagine. Mi piace il tuo* **vestito** *e la tua* **camicetta**. *Scusami. Non ti ho mandato la mia foto. Sono piccola e* **timida**. *E non sono fotogenica. Ti mando la foto del mio cane. È è la prima volta che ti parlo di lui. È un* **cagnolino**. *Il suo nome è Cotton. È molto* **dolce**. *Sei nata il 6 settembre? Prendo nota di questa data sull'***agenda**. *Ti* faccio un regalo per il compleanno. Qual è il tuo colore preferito? Il mio è il viola. Il mio compleanno è il 17 novembre.

Un abbraccio,

Judy."

"Antananarivo, 12 maggio 2002

Ciao Judy!

Non importa se non mandi la tua foto. Cotton è un cane molto **dolce**. Ma sono allergica ai **peli di cane e gatto**. Il mio colore preferito è il blu. Vado a prendermi cura del mio fratellino. **Si è fatto male.**

A presto!

Fabienne."

"Marsiglia, 17 maggio 2002

Buona sera Fabienne,

Dì al tuo fratellino di **stare attento**. **Spero che stia bene**. Hai un indirizzo email, Fabienne? Conviene di più scriverci per mail. È **più veloce**. Perdiamo meno tempo. Eccoti il mio indirizzo email: _judy.dubois2002@monmail.com_ .

A presto!

Judy."

"Antananarivo, 25 maggio 2002

Buona sera Judy,

Ho appena creato un indirizzo email. **Hai ragione**. I messaggi di posta elettronica sono più pratici. **A proposito**, te ne ho appena mandato uno. Il mio indirizzo è in questa e-mail.

A presto!

Fabienne."

Histoire 9: Une passion pour l'écriture

Cyril Deguimond est un **auteur renommé. Il a à son actif quatorze romans publiés. L'auteur est connu internationalement.** Cyril écrit principalement des **romans fantastiques**, des **romans policiers** et des thrillers. Il est un **écrivain célèbre. Il vend beaucoup de livres partout dans le monde.** Cyril vient de sortir son quatorzième roman.

Une rédactrice de presse écrite le contacte par téléphone. Carine souhaite l'interviewer. Elle lui demande de lui **accorder une interview**. Cyril lui donne rendez-vous chez lui le vendredi après-midi.

Vendredi matin, Carine prépare l'interview. Elle prend **un stylo à bille** et un **bloc-notes. Elle surfe sur Internet** pour lire des informations sur Cyril Deguimond. Elle écrit les questions à poser à Cyril. Le **téléphone portable** de Carine sonne. **Elle décroche le téléphone** :

- Allô !
- Allô Carine, c'est Christine.
- Salut Christine ! **Quoi de neuf ?**
- **Nous partons en week-end. Prépare tes valises. Nous partons pour trois jours. Je passe te prendre dans deux heures.**
- **Je suis désolée. Je ne peux pas partir.**
- Mais pourquoi ? **Tu ne travailles pas le vendredi.**
- **J'ai un rendez-vous important** aujourd'hui.
- Un **rendez-vous galant** ?
- Non, Christine. Je vais interviewer Cyril Deguimond.
- L'**écrivain** Cyril Deguimond ? **Tu es une sacrée veinarde.** Deguimond est mon auteur préféré. **Je lis tous ses livres.** Je vais acheter son nouveau roman aujourd'hui.
- **Je vais lui demander un autographe.** Pour toi.
- Merci !

- Je travaille aujourd'hui. Mais partons demain matin.
- D'accord, **je te dis à demain alors.**
- **Passe une bonne journée**, Christine.
- Bonne journée à toi aussi, Carine !

Carine raccroche le téléphone. Elle continue son travail. À treize heures trente, Carine se prépare pour partir. Elle met son stylo, son bloc-notes, son **mouchoir**, ses **clés de voiture**, ses **lunettes de soleil** et son téléphone portable dans son sac.

À quatorze heures quinze, Carine arrive devant le **portail** de la maison de Cyril. **Elle appuie** sur la sonnette. Un **agent de sécurité** l'accueille. Il lui demande son **identité**. Carine se présente et montre son badge. L'agent de sécurité l'invite à entrer **dans l'enceinte de la propriété**. Il accompagne la jeune femme dans le salon. **Il l'invite à s'asseoir** sur une chaise. Puis, l'agent de sécurité sort.

Dix minutes plus tard, Cyril Deguimond arrive dans le salon. **Carine se lève** pour le saluer. Cyril est un grand homme. Il a une **barbe** et il est **charmant**. **Il porte des lunettes**.

- Bonjour, monsieur Deguimond. Je me présente : je m'appelle Carine Dubois. Je travaille pour le magazine « Fleuris ». Je suis rédactrice de presse. Et **je suis ravie de vous rencontrer.**
- Bonjour, mademoiselle Dubois. **Je suis enchanté de vous connaître.**
- **Vous pouvez m'appeler Carine**.
- **D'accord**, Carine. **Il fait trop chaud ici. Allons dans le jardin**.

Il y a une table, des chaises et un parasol dans le jardin. Carine et Cyril s'assoient.

- Monsieur Cyril Deguimond, **merci de m'accueillir dans votre maison**. Vous avez une très belle villa.

- Merci, Carine. Commençons l'interview. **J'ai une journée assez chargée.**
- D'accord. J'enregistre notre conversation sur mon smartphone.
- **Évitez** les questions trop intimes, s'il vous plaît. **Je n'aime pas tellement parler de ma vie privée.**
- D'accord, je comprends. Alors, Cyril Deguimond, **parlez-nous de votre dernier roman.**
- C'est l'histoire d'un extraterrestre. Il a l'apparence d'un **être humain. L'être vivant ressemble à une vieille femme.** Il a des **super pouvoirs.** Il arrive sur notre planète. Puis, il est **le témoin d'un meurtre. Un policier enquête avec lui sur le meurtre.**
- C'est fascinant. Quel est le titre du livre ?
- « Illusions ».
- **En combien de temps** écrivez-vous un roman ?
- Cela varie **entre** quatre et vingt-quatre mois.
- **Vous avez un corps d'athlète,** Cyril Deguimond. **Faites-vous du sport ?**
- **En effet,** oui.
- **Quel sport pratiquez-vous ?**
- Je fais du jogging.
- **Aimez-vous lire ?**
- **Oui, bien sûr.**
- **Qu'aimez-vous lire,** Cyril Deguimond ?
- **Un peu de tout. Cela m'aide** à avoir de l'inspiration.
- À part la lecture, le sport et l'écriture, quels sont vos loisirs ?
- **J'aime passer du temps avec ma famille. J'aime aller à la pêche avec mon frère et ma nièce.**
- Qui sont vos auteurs préférés ?
- Mes auteurs préférés sont Stephen King et Agatha Christie.
- Écrivez-vous un nouveau roman en ce moment ?
- **Pas encore. Je vais prendre des vacances.**

- Vos **lecteurs** ont des questions pour vous. Je vous pose les questions les plus intéressantes.
- D'accord. Je vous écoute.
- **Avez-vous le syndrome de la page blanche ?**
- **Cela m'arrive parfois.**
- **Que faites-vous quand cela vous arrive ?**
- **Je prends une pause.** Je me promène. Je mange une **glace** avec ma nièce. Je bavarde avec ma nièce. Je vais à la **campagne**… **Je me détends**.
- Pensez-vous écrire de la romance ?
- Non.
- Merci pour cette interview, Cyril Deguimond.
- C'est un plaisir. **Merci d'être venue**. Je vous offre un exemplaire de mon dernier roman.
- Oh ! Merci beaucoup, monsieur !

Cyril sourit.

- Cyril Deguimond, **pouvez-vous dédicacer le livre pour Christine**, s'il vous plaît ?
- Oui, bien sûr. Qui est Christine ?
- Christine Dubois est ma grande sœur. Elle adore vos romans.

Cyril écrit sur la première page du livre. Carine le remercie et rentre chez elle.

Le lendemain, Carine offre le livre à sa sœur. Christine est **folle de joie**. Elles prennent la voiture et partent en week-end.

Vocabulaire

Écriture	Scrittura
Renommé	Rinomato
Il a quatorze romans publiés à son actif	È autore di quattordici romanzi pubblicati
L'auteur est connu internationalement	È famoso in tutto il mondo
Roman(s) fantastique(s)	Romanzi fantastici
Romans policiers	Gialli
Écrivain célèbre	Autore famoso
Il vend beaucoup de livres	Vende molti libri
Exemplaires	Copie
Partout au monde	In tutto il mondo
Une rédactrice	Un editore
Accorder une interview	Concedere un'intervista
Bloc notes	Blocco note
Elle surfe sur Internet	Va su Internet
Stylo à bille	Penna a sfera
Téléphone portable	Cellulare
Elle décroche le téléphone	Prende il telefono
Quoi de neuf ?	Come va
Nous partons en week-end	Andiamocene questo fine settimana
Prépare tes valises	Fai i bagagli
Nous partons pour trois jours	È un viaggio di tre giorni
Je passe te prendre dans deux heures	Ti verrò a prendere tra due ore
Je suis désolé(e)	Mi dispiace
Je ne peux pas partir	Non posso venire
Tu ne travailles pas le vendredi	Non lavori il venerdì
J'ai un rendez-vous important	Ho un appuntamento importante
Un rendez-vous galant	Un appuntamento romantico
Écrivain	Scrittore
Tu es une sacrée veinarde	Sei una ragazza molto fortunata

J'ai lu tous ses livres	Ho letto tutti i suoi libri
Je vais lui demander un autographe	Gli chiederò un autografo
Je te dis à demain, alors	Ci vediamo domani allora
Passe une bonne journée	Buona giornata
Carine raccroche le téléphone	Carine mette giù il telefono
Mouchoir	Fazzoletti
Clés de voiture	Chiavi della macchina
Lunettes de soleil	Occhiali da sole
Portail	Portone
Appuyer (elle appuie…)	Bussare (bussa…)
Agent de sécurité	Guardia di sicurezza
Dans l'enceinte de la propriété	All'interno della proprietà
Il l'invite à s'asseoir	Lui la invita a sedersi
Carine se lève	Carine si alza
Barbe	Barba
Charmant	Affascinante
Il porte des lunettes	Indossa occhiali
Je suis ravie de vous rencontrer	Sono felice di conoscerla
Je suis enchanté de vous connaître	Sono molto contento di averti conosciuto
Vous pouvez m'appeler Carine	Può chiamarmi Carine
D'accord	Ok
Il fait trop chaud ici	Fa troppo caldo qui
Allons dans le jardin	Andiamo in giardino
Merci de m'accueillir chez vous	Grazie per avermi accolta a casa sua
J'ai une journée assez chargée	Ho una giornata abbastanza impegnativa
Éviter	Evitare
Je n'aime pas tellement parler de ma vie privée	Non mi piace molto parlare della mia vita privata
Parlez-nous de votre dernier roman	Ci parli del tuo ultimo romanzo
Être humain	Essere umano

L'être vivant ressemble à une vieille femme	L'essere vivente sembra una donna anziana
Super pouvoirs	Superpoteri
Il est témoin d'un meurtre	È testimone di un omicidio
Un policier enquête avec lui sur le meurtre	Un poliziotto deve indagare con lui sull'omicidio (a riguardo)
Combien de temps…	Quanto tempo impiega...
Entre	Tra
Vous avez un corps d'athlète	Ha il corpo di un atleta
Faites-vous du sport ?	Pratica sport?
En effet	In effetti
Quel sport pratiquez-vous ?	Quali sport pratica?
Aimez-vous lire ?	Le piace leggere
Oui, bien sûr	Sì, naturalmente
Qu'aimez-vous lire ?	Cosa le piace leggere?
Un peu de tout	Un po' di tutto
Cela m'aide	Mi aiuta
J'aime passer du temps avec ma famille	Mi piace passare del tempo con la mia famiglia
J'aime aller à la pêche avec mon frère et ma nièce	Adoro andare a pescare con mio fratello e mia nipote nièce
Pas encore	Non ancora
Je vais prendre des vacances	Ho intenzione di fare una vacanza
Lecteurs	Lettori
Avez-vous le syndrome de la page blanche ?	Le capita di avere il blocco dello scrittore?
Cela m'arrive parfois	A volte mi capita
Que faites-vous quand cela arrive ?	Cosa fa quando succede?
Je prends une pause	Mi prendo una pausa
Glace	Gelato
Campagne	Campagna
Je me détends	Mi rilasso
Merci d'être venu(e)	Grazie per essere venuta

Pouvez-vous dédicacer le livre à Christine ?	Può firmare il libro per Christine?
Folle de joie/fou de joie	Entusiasta (F/M)

Storia 9: Una passione per la scrittura

Cyril Deguimond è un **rinomato** scrittore. **È autore di quattordici romanzi pubblicati. È famoso in tutto il mondo.** Cyril ha scritto principalmente **romanzi fantastici, gialli** e thriller. Cyril è un **autore famoso. Vende molti libri in tutto il mondo.** Cyril ha appena pubblicato il suo quattordicesimo romanzo.

Un **editore della** stampa scritta lo contatta per telefono. Carine vuole intervistarlo. Lei gli chiede di **concedere un'intervista.** Cyril le dà un appuntamento a casa sua venerdì pomeriggio.

Venerdì mattina, Carine prepara l'intervista. Prende una penna a sfera e un **blocco note. Va su Internet** per leggere di Cyril Deguimond. Scrive le domande per lui. Il **cellulare di** Carine squilla. **Prende il telefono**:

- Ciao!
- Ciao Carine, sono Christine.
- Ciao Christine! **Come va?**
- **Andiamocene questo fine settimana. Fai i bagagli.** Ci facciamo **un viaggio di tre giorni. Ti verrò a prendere tra due ore.**
- **Mi dispiace. Non posso venire.**
- Ma perché? **Non lavori il venerdì.**
- **Ho un appuntamento importante** oggi.
- Un **appuntamento romantico**?
- No, Christine. Sto intervistando Cyril Deguimond.
- Lo **scrittore** Cyril Deguimond? **Sei una ragazza molto fortunata** . Deguimond è il mio autore preferito. **Ho letto tutti i suoi libri**. Comprerò il suo nuovo romanzo oggi.
- **Gli chiederò un autografo.** Per te.
- Grazie!
- Oggi lavoro. Ma partiamo domani mattina.
- Va bene, **ci vediamo domani allora.**
- **Buona giornata**, Christine.

- Buona giornata anche a te, Carine!

Carine mette giù il telefono. Lei continua il suo lavoro. Alle tredici e mezza, Carine si prepara ad andarsene. Lei mette la sua penna, il suo taccuino, i **fazzoletti**, le sue **chiavi della macchina**, i suoi **occhiali da sole** e il suo cellulare nella borsa.

Alle quattordici e quindici, Carine arriva al **portone** della casa di Cyril. **Bussa** al campanello. Una **guardia di sicurezza** la saluta. Lui le chiede l'**identità**. Carine si presenta e mostra il suo distintivo. La guardia di sicurezza la invita ad entrare **all'interno della proprietà**. Accompagna la giovane donna nel soggiorno. **Lui la invita a sedersi** su una sedia. Quindi la guardia di sicurezza esce.

Dieci minuti dopo, Cyril Deguimond arriva nella stanza. **Carine si alza** per salutarlo. Cyril è un gran bell'uomo. Ha la **barba** ed è **affascinante. Indossa degli occhiali.**

- Salve sig. Deguimond. Lasci che mi presenti: mi chiamo Carine Dubois. Lavoro per la rivista *Flowery*. Sono un'editor per la stampa. E **sono felice di conoscerla.**
- Salve Signorina Dubois. **Sono molto contento di averla conosciuta.**
- **Può chiamarmi Carine.**
- **Ok,** Carine. **Fa troppo caldo qui. Andiamo in giardino.**

C'è un tavolo, con sedie e ombrellone nel giardino. Carine e Cyril si siedono.

- Sig. Cyril Deguimond, **grazie per avermi accolta a casa sua.** Ha una villa bellissima.
- Grazie, Carine. Iniziamo l'intervista. **Ho una giornata abbastanza impegnativa.**
- Va bene. Registro la nostra conversazione sul mio smartphone.

- **Evitiamo** domande troppo intime, per favore. **Non mi piace molto parlare della mia vita privata.**
- Certo, capisco. Quindi, Cyril Deguimond, **ci parli del suo ultimo romanzo.**
- È la storia di un alieno. Ha l'aspetto di un **essere umano. L'essere vivente sembra una donna anziana.** Ha dei **superpoteri.** Arriva sul nostro pianeta. Finisce per diventare il **testimone di un omicidio. Un agente di polizia deve indagare con lui a riguardo.**
- Affascinante. Qual'è il titolo del libro?
- "Illusioni".
- **Quanto tempo impiega** a scrivere un romanzo?
- **Tra** i quattro e i ventiquattro mesi.
- **Ha il corpo di un atleta,** Cyril Deguimond. **Pratica sport?**
- **In effetti,** sì.
- **Quali sport pratica?**
- Sto facendo un po' di jogging.
- **Le piace leggere?**
- **Sì, naturalmente.**
- **Cosa le piace leggere,** Cyril Deguimond?
- **Un po' di tutto. Mi aiuta** ad avere l'ispirazione.
- A parte lettura, sport e scrittura, quali sono gli altri suoi hobby?
- **Mi piace passare del tempo con la mia famiglia. Adoro andare a pesca con mio fratello e mia nipote.**
- Chi sono i suoi autori preferiti?
- I miei autori preferiti sono Stephen King e Agatha Christie.
- Stai scrivendo un nuovo romanzo in questo momento?
- **Non ancora. Ho intenzione di fare una vacanza.**

\- I suoi **lettori** hanno delle domande per lei. Sto per farle le più interessanti.

\- Va bene. La ascolto.

\- **Le capita di avere il blocco dello scrittore?**

\- **A volte mi capita.**

\- **Cosa fa quando succede?**

\- **Mi prendo una pausa.** Cammino. Mangio del **gelato** con mia nipote. Chiacchiero con lei. Vado in **campagna**... **mi rilasso.**

\- Pensa di scrivere storie d'amore?

\- No.

\- Grazie per questa intervista, Cyril Deguimond.

\- È un piacere. **Grazie per essere venuta.** Le offro una copia del mio ultimo romanzo.

\- Oh! Grazie mille!

Cyril sorrise.

\- Cyril Deguimond, **può firmare il libro per Christine**, per favore?

\- Certo, naturalmente. Chi è Christine?

\- Christine Dubois è mia sorella maggiore. Ama i suoi romanzi.

Cyril scrive sulla prima pagina del libro. Carine lo ringrazia e torna a casa.

Il giorno dopo, Carine offre il libro a sua sorella. Christine è **entusiasta**. Prendono la macchina e vanno in vacanza per il weekend.

Histoire 10: Une soirée entre amis

John : Allô !

Martin : Allô, John ! Comment vas-tu ?

John : Je vais bien, merci. Et toi, comment vas-tu ?

Martin : Je vais bien.

John : **Que fais-tu ce soir ?**

Martin : **Je reste chez moi**, pourquoi ?

John : Je vous invite au restaurant ce soir, toi, Augustin et Carla.

Martin : D'accord. **Qu'est-ce qui se passe ?**

John : **J'ai une grande nouvelle à vous annoncer**.

Martin : Quelle est la nouvelle ?

John : Sois patient, je l'annonce ce soir.

Martin : D'accord !

John : Au restaurant « Feed », ce soir à vingt heures.

Martin : Ok ! À ce soir !

John : Allô ! Salut, Carla !

Carla : Salut, John !

John : **Où es-tu ?**

Carla : Au travail.

John : **À quelle heure finis-tu le travail ?**

Carla : Vers dix-huit heures. Pourquoi ?

John : **Veux-tu sortir ce soir ?**

Carla : Non, merci. Je suis fatiguée. Je rentre et je dors ce soir.

John : Non, tu ne vas pas dormir. Nous allons au restaurant ce soir.

Carla : Toi et moi ?

John : Non, nous sommes quatre, avec Augustin et Martin.

Carla : **Mais je n'ai pas trop d'argent** en ce moment.

John : **Ne t'inquiète pas. C'est moi qui t'invite**.

Carla : Je te remercie. **Mais cela me gêne un peu.**

John : S'il te plaît, Carla. **J'ai quelque chose d'important à vous dire**. À toi et les autres.

Carla : **Est-ce une bonne nouvelle ?**

John : Oui, c'est une très bonne nouvelle.

Carla : Tu m'intrigues. D'accord, je viens au restaurant avec vous ce soir.

John : Merci, Carla ! À ce soir, alors ! Au restaurant « Feed » à vingt heures. **Ne sois pas en retard**.

John : Allô, Augustin !
Augustin : Bonjour, John !
John : **Es-tu libre ce soir ?**
Augustin : Oui, c'est vendredi. J'aimerais bien sortir ce soir pour me détendre.
John : D'accord. Je passe te prendre à dix-neuf heures quinze. **Carla et Martin nous attendent** au restaurant à vingt heures.

Carla rentre à dix-huit heures cinq. Elle prend une douche et met une **robe longue** bleue. Elle arrive au restaurant à dix-neuf heures cinquante. John, Augustin et Martin arrivent cinq minutes plus tard. John se dirige vers l'accueil.

John : Bonsoir, madame !
Suzie : Bonsoir, monsieur, **que puis-je faire pour vous ?**
John : **Peut-on avoir une table pour dîner, s'il vous plaît ?**
Suzie : Oui, bien sûr. **Avez-vous réservé ?**
John : Non, nous n'avons pas réservé.
Suzie : **Votre table sera prête d'ici quelques minutes**.
John : Merci, madame.
Carla : **Pourrions-nous avoir une table près de la fenêtre**, s'il vous plaît ?
Suzie : Bien sûr !

Sept minutes plus tard, un serveur appelle les **quatre jeunes gens**.

Jimmy : Votre table est prête. **Si vous voulez bien me suivre**.

John, Carla, Martin et Augustin s'installent à leur table.

Jimmy : Bonsoir, mademoiselle, messieurs. Je m'appelle Jimmy. Je suis votre serveur pour ce soir.

Jimmy donne la **carte des menus** aux jeunes gens.
Jimmy : **Voulez-vous un apéritif ?**

John : Oui, nous voudrions une bouteille de votre meilleur champagne, s'il vous plaît.

Jimmy apporte une bouteille de champagne.

Martin : Alors, John. Quelle est cette grande nouvelle que tu vas nous annoncer ?
John : **Amusons-nous un peu. Je vous laisse deviner.**
Carla : Tu vas te marier.
John : Non.
Carla : **Tu vas avoir un enfant.**
John : Non.
Martin : Tu vas travailler à l'étranger.
John : Non.
Augustin : **Tu as eu une augmentation de salaire.**
John : Non.
Carla : Tu vas devenir **prêtre.**
John : Non.
Martin : Tu changes de carrière !
Carla : Et tu vas devenir une rock star !
John : Non et non. Carla, **tu es drôle.** Et tu as beaucoup d'imagination.
Augustin : Tu as hérité d'une **grosse fortune** !
John : Non, mais c'est presque ça, Augustin ! **Bon, je vais vous le dire. J'ai gagné au loto !**
Augustin, Martin et Carla : Vraiment ?
John : Oui, **je ne blague pas.** J'ai vraiment gagné au loto !
Martin : **Combien as-tu gagné ?**
John : **Je garde cette information pour moi.** Mais vous allez tous profiter de cet argent !
Carla : Pourquoi et comment ?
John : Parce que vous êtes mes meilleurs amis. **Vous êtes toujours là pour me soutenir** dans les **bons et mauvais moments.** Nous allons partir en vacances ensemble pour deux semaines. **Je prends en charge toutes les dépenses.**
Martin : Tu es sérieux, John ?
John : Oui !
Augustin : Mais tu sais, **tu n'es pas obligé de faire cela.**

John : **Mais j'en ai envie. Ne soyez pas gênés**. J'aimerais vous remercier pour votre amitié sincère. **Prenez cela comme un cadeau de remerciement.**

Carla : Merci à toi de nous offrir ce voyage ! Je suis partante !

Augustin : Moi aussi.

John : Et toi, Martin ?

Martin : **D'accord, je suis partant !**

John : Merci, mes chers amis !

Jimmy s'approche de leur table.

Jimmy : **Est-ce que vous avez choisi ?**

Carla : **Je voudrais une soupe de poulet,** s'il vous plaît.

Jimmy : Et vous, messieurs ?

Martin : Je prendrai le même.

Augustin : Je voudrais une salade de pâtes, s'il vous plaît.

Jimmy : Et vous, monsieur ?

John : **Quel sont les plats du jour ?**

Jimmy : Risotto ou gratin au fromage.

John : Je voudrais un gratin au fromage, s'il vous plaît.

Jimmy : Bien, monsieur. Voulez-vous autre chose ?

Carla : Oui, je prendrai une banane flambée pour le dessert, s'il vous plaît.

Jimmy : Et vous, messieurs, prendrez-vous un dessert ?

John : Non, merci.

Augustin : Non, je ne prendrai pas de dessert.

Martin : Moi non plus.

Jimmy s'éloigne. Quinze minutes plus tard, il revient avec les **plats commandés**.

Jimmy : Bon appétit ! Si vous voulez commander d'autres plats, n'hésitez pas à m'appeler.

Les quatre jeunes gens remercient le serveur et commencent à manger. Au cours du dîner, **Augustin prend la parole**.

Augustin : **Levons nos verres à l'amitié !**

Plus tard, Jimmy apporte le dessert de Carla. Puis, les quatre amis discutent pendant une heure de leurs prochaines vacances. John demande l'**addition**. Il règle l'addition. Ensuite, il quitte le restaurant avec ses amis. John laisse un **pourboire** généreux au serveur.

Augustin : **Alors, où allons-nous maintenant ?**
Carla : **Je suis à bout de forces**. Je vais rentrer chez moi. Bonne soirée, les garçons !
John : Merci ! Bonne nuit, Carla !
Martin : Moi aussi, je vais rentrer chez moi. Je travaille demain. Au revoir !
John et Augustin : Bonne nuit, Martin !
Augustin : **Maintenant, il ne reste plus que nous deux**, John. Quel est le programme ce soir ?
John : J'ai le DVD d'un film sorti récemment. Nous pouvons rentrer chez moi et regarder le film ensemble.
Augustin : D'accord !

Vocabulaire

Que fais-tu ce soir ?	Che fai stasera?
Je reste chez moi	Rimarrò a casa
Qu'est-ce qui se passe ?	Come mai?
J'ai une grande nouvelle à vous annoncer	Ho un annuncio molto speciale da fare
À ce soir	Ci vediamo stasera!
Où es-tu ?	Dove sei?
À quelle heure finis-tu le travail ?	A che ora finisci di lavorare?
Veux-tu sortir ce soir ?	Vuoi uscire stasera?
Mais je n'ai pas trop d'argent	Non ho tanti soldi
Ne t'inquiète pas	Non preoccuparti
C'est moi qui t'invite	Sono io che ti invito
Mais cela me gêne un peu	Mi metti un po' a disagio
J'ai quelque chose d'important à vous dire	Ho qualcosa di importante da dirti
Est-ce une bonne nouvelle ?	È una bella notizia?
Ne sois pas en retard	Non tardare
Es-tu libre ce soir ?	Sei libero stasera?
Attendre (Carla et Martin nous attendent)	Aspettare (Carla e Martin ci aspettano)
Robe longue	Vestito lungo
Que puis-je faire pour vous ?	Cosa posso fare per lei?
Peut-on avoir une table pour dîner ?	Possiamo avere un tavolo per la cena?
Avez-vous une réservation ?	Avete una prenotazione?
Votre table sera prête d'ici quelques minutes	Il vostro tavolo sarà pronto in pochi minuti
Pourrions-nous avoir une table près de la fenêtre ?	Potremmo avere un tavolo vicino alla finestra?
Quatre jeunes gens	Quattro giovani
Si vous voulez bien me suivre	Seguitemi, gentilmente
La carte	I menu

Voulez-vous un apéritif ?	Preferireste qualcosa da bere prima?
Amusons-nous un peu	Divertiamoci un po '
Je vous laisse deviner	Vi farò indovinare
Tu vas avoir un enfant	Avrai un bambino
Tu as eu une augmentation de salaire	Hai ottenuto un aumento
Prêtre	Sacerdote
Tu es drôle	Sei divertente
Grosse fortune	Grande fortuna
C'est presque ça	È quasi così
Bon, je vais vous le dire	Va bene, ve lo dirò
J'ai gagné au loto !	Ho vinto la lotteria!
Ce n'est pas une blague	Non sto scherzando
Combien as-tu gagné ?	Quanto hai vinto?
Je garde cette information pour moi	Tengo questa informazione per me
Vous êtes toujours là pour me soutenir	Siete sempre lì a sostenermi
Beaux et mauvais moments	Tempi buoni che in quelli cattivi
Je prends en charge toutes les dépenses	Pagherò io tutte le spese
Tu n'es pas obligé de faire cela	Non devi farlo
Mais je le veux	Ma voglio farlo
Ne soyez pas gênés	Non dovete essere imbarazzati
Prenez cela comme un cadeau de remerciement	Chiamiamolo solo un regalo di ringraziamento
D'accord, je suis partant !	Va bene, ci sto
Est-ce que vous avez choisi ?	Avete fatto la vostra scelta?
Je voudrais une soupe de poulet	Vorrei della zuppa di pollo
Quels sont les plats du jour ?	Quali sono le offerte speciali di oggi?
Plat(s) commandé(s)	Piatto(i) ordinato(i)
Augustin prend la parole	Parla Augustin
Levons nos verres à l'amitié !	Brindiamo all'amicizia

Addition	Conto
Pourboire	Mancia
Alors, où allons-nous maintenant?	Allora, dove andiamo ora?
Je suis à bout de forces	Sono molto stanca
Maintenant, il ne reste plus que nous	Ora siamo gli unici rimasti

Storia 10: Una Serata tra Amici

John: Ciao!

Martin: Ciao John! Come stai?

John: Bene, grazie. E tu?

Martin: Bene.

John: **Che fai stasera?**

Martin: **Rimarrò a casa**, perché?

John: Sei invitato al ristorante stasera, tu, Augustin e Carla.

Martin: Va bene. **Come mai?**

John: **Ho un annuncio molto speciale da fare**.

Martin: Qual è la novità?

John: Sii paziente, te lo dico stasera.

Martin: Va bene!

John: Al ristorante "Feed" stasera alle otto in punto.

Martin: Ok! Ci vediamo stasera!

John: Ciao! Ciao Carla!

Carla: Ciao John!

John: **Dove sei?**

Carla: A lavoro.

John: **A che ora finisci di lavorare?**

Carla: Verso le sei. Perché?

John: **Vuoi uscire stasera?**

Carla: No grazie. Sono stanca. Vado a casa a dormire stasera.

John: No, non dormirai. Stasera andiamo al ristorante.

Carla: Me e te?

John: No, siamo in quattro, con Augustin e Martin.

Carla: Ma **non ho tanti soldi** adesso.

John: **Non preoccuparti. Sono io che ti invito**.

Carla: Grazie. Ma **mi metti un po' a disagio**

John: Dai, Carla. **Ho qualcosa di importante da dirti**. A te e agli altri.

Carla: **È una bella notizia?**

John: Sì, è una bella notizia.

Carla: Mi hai incuriosito. Ok, vengo al ristorante con te stasera.

John: Grazie Carla! Ci vediamo stasera allora! Al ristorante "Feed" alle venti in punto. **Non tardare**.

John: Ciao Augustin!
Augustin: Ciao John!
John: **Sei libero stasera?**
Augustin: Sì, è venerdì. Mi piacerebbe uscire stasera, per rilassarmi.
John: Perfetto. Ti vengo a prendere alle sette e un quarto. **Carla e Martin ci aspettano** al ristorante alle otto in punto.

Carla ritorna alle sei e dieci. Fa una doccia e indossa un **vestito lungo** blu. Arriva al ristorante alle diciannove e cinquanta. John, Augustin e Martin arrivano cinque minuti dopo. John va alla reception.

John: Buonasera signora!
Suzie: Buona sera signore, **cosa posso fare per lei?**
John: **Possiamo avere un tavolo per la cena,** per favore?
Suzie: Sì, naturalmente. **Avete una prenotazione?**
John: No, non abbiamo prenotato.
Suzie: **Il vostro tavolo sarà pronto in pochi minuti.**
John: Grazie signora.
Carla: **Potremmo avere un tavolo vicino alla finestra**, per favore?
Suzie: Ovviamente!

Sette minuti dopo, un cameriere chiama i **quattro giovani**.

Jimmy: Il vostro tavolo è pronto. **Seguitemi, gentilmente.**

John, Carla, Martin e Augustin si siedono al loro tavolo.

Jimmy: Buonasera signore e signori. Mi chiamo Jimmy. Sarò io a servirvi questa sera.

Jimmy dà **i menu** ai giovani.
Jimmy: **Preferireste qualcosa da bere prima?**
John: Sì, vorremmo una bottiglia del vostro miglior champagne, per cortesia.

Jimmy porta una bottiglia di champagne.

Martin: Quindi, John. Qual è questa grande notizia che devi darci?

John: **Divertiamoci un po**. **Vi farò indovinare**.
Carla: Ti sposerai.
John: No.
Carla: **Avrai un bambino**.
John: No.
Martin: Lavorerai all'estero.
John: No.
Augustin: **Hai ottenuto un aumento**.
John: No.
Carla: Diventerai **sacerdote**.
John: No.
Martin: Cambierai carriera!
Carla: E diventerai una rockstar!
John: No e no. Carla **sei divertente**. E hai molta immaginazione.
Augustin: Hai ereditato una **grande fortuna**!
John: No, ma è quasi così, Augustine! **Va bene, ve lo dirò. Ho vinto la lotteria!**
Augustin, Martin e Carla: Veramente?
John: Sì, **non sto scherzando**. Ho davvero vinto la lotteria!
Martin: **Quanto hai vinto?**
John: **Tengo questa informazione per me**. Ma ve li godrete tutti questi soldi!
Carla: Perché e come?
John: Perché siete i miei migliori amici. **Siete sempre lì a sostenermi sia nei tempi buoni che in quelli cattivi**. Andremo in vacanza insieme per due settimane. **Pagherò io tutte le spese**.
Martin: Sei serio, John?
John: Sì!
Augustin: Ma lo sai, **non devi farlo**.
John: **Ma voglio farlo. Non dovete essere imbarazzati**. Vorrei ringraziarvi per la vostra sincera amicizia. **Chiamiamolo solo un regalo di ringraziamento**.
Carla: Grazie per averci regalato questo viaggio! Ci sono!
Augustin: Anche io.
John: E tu, Martin?
Martin: **Va bene, ci sto!**
John: Grazie miei cari amici!

Jimmy si avvicina al loro tavolo.

Jimmy: **Avete fatto la vostra scelta?**

Carla: **Vorrei della zuppa di pollo**, gentilmente.

Jimmy: E voi, signori?

Martin: Prenderò lo stesso.

Augustin: Vorrei un'insalata di pasta, per cortesia.

Jimmy: E lei, signore?

John: **Quali sono le offerte speciali di oggi?**

Jimmy: Risotto o gratin al formaggio.

John: Vorrei un gratin di formaggio, per cortesia.

Jimmy: Bene, signore. Desiderate altro?

Carla: Sì, vorrei una banana flambé come dessert, gentilmente.

Jimmy: E voi, signori, gradite un dolce?

John: No, grazie.

Augustin: No, per me niente dessert.

Martin: Neanche per me.

Jimmy si allontana. Quindici minuti dopo, ritorna coi **piatti ordinati**. Jimmy: Buon appetito! Se volete ordinare altro, non esitate a chiamarmi.

I quattro giovani ringraziano il cameriere e iniziano a mangiare. Durante la cena, **parla Augustin**.

Augustin: **Brindiamo all'amicizia!**

Più tardi, Jimmy porta il dolce di Carla. Quindi i quattro amici discutono della loro prossima vacanza per un'ora. John chiede il **conto**. Lo paga. Quindi lascia il ristorante coi suoi amici. John lascia una generosa **mancia** al cameriere.

Augustin: **Allora, dove andiamo ora?**

Carla: **Sono molto stanca**. Vado a casa. Buonanotte ragazzi!

John: Grazie! Buonanotte Carla!

Martin: Anch'io andrò a casa. Lavoro domani. A presto!

John e Augustin: Notte, Martin!

Augustin: **Ora siamo gli unici rimasti**, John. Qual è il programma stasera?

John: Ho il DVD di un film uscito da poco. Possiamo andare a casa e guardarlo insieme.
Augustin: Ci sto!

Printed in Great Britain
by Amazon